갑옷 속 소녀,
그녀들의 인생을 바꾼

독서모임 그리고
베스트셀러
책 출간 이야기

와일드북
와일드북은 한국평생교육원의 출판 브랜드입니다.

갑옷 속 소녀, 그녀들의 인생을 바꾼
독서모임 그리고 베스트셀러 책 출간 이야기

초판 1쇄 인쇄 · 2023년 09월 20일
초판 1쇄 발행 · 2023년 09월 25일

지은이 · 박혜정·강주혜·김선황·빈경애·윤정애·정수영
발행인 · 유광선
발행처 · 한국평생교육원
편　집 · 장운갑
디자인 · 박형빈
마케팅 · 강선화, 강윤영, 곽숙희, 김미정, 김민정, 김부자, 김세경, 김지혜, 김진희, 김창진, 김향, 류경문, 문유리, 문혜숙, 박미라, 박준선, 백진희, 서미애, 성연정, 손미향, 송기나, 신정아, 오순덕, 오영희, 오정희, 우희자, 유지성, 윤혜숙, 이금순, 이미경, 이봉선, 이정아, 이헌영, 임려원, 임정미, 임정혜, 장선식, 장정화, 장현옥, 조환철, 차영호, 한란, 한성심

주　소 · (대전) 대전광역시 유성구 도안대로589번길 13 2층
　　　　　 (서울) 서울시 서초구 반포대로 14길 30(센츄리 1차오피스텔 1107호)
전　화 · (대전) 042-533-9333 / (서울) 02-597-2228
팩　스 · (대전) 0505-403-3331 / (서울) 02-597-2229

등록번호 · 제2018-000010호
이메일 · klec2228@gmail.com
instagram@wildseffect

ISBN 979-11-92412-57-3 (13190)
책값은 책표지 뒤에 있습니다.

잘못되거나 파본된 책은 구입하신 서점에서 교환해 드립니다.

이 책은 한국평생교육원이 저작권자와의 계약에 따라 발행한 것이므로 저작권법에 따라 무단 전재와 복제를 금합니다. 이 책 내용의 전부 또는 일부를 이용하려면 반드시 저작권자와 한국 평생교육원의 서면동의를 얻어야 합니다.

갑옷 속 소녀,
그녀들의 **인생을** 바꾼

독서모임 그리고
베스트셀러
책 출간 이야기

박혜정·강주혜·김선황·빈경애·윤정애·정수영 지음

와일드북

들어가는 글

먼지인 줄 알았는데, 점이었다.
점인 줄 알았는데, 별이었다.

교보문고 점장님의 제안으로 시작한 독서 모임이 130회를 넘어가고 있다.

교보문고가 비교적 한가로운 평일 오전에 독서 모임을 하나 만들면 어떻겠냐는 제안에 선뜻 "그러마."라고 받아들인 이유는 두 가지다.
'교보문고'라는 네임 밸류와 '평일 오전'이었다.
'평일 오전에 시간을 낼 수 있는 사람은 '주부'겠지?'

1회 독서 모임의 책은 가볍게 '점' 하나 찍는다는 생각으로 고른 피터 레이놀즈 『점』이었다.

그림책에 대한 편견을 바꿔준 책이다. 그림책은 어린이만의 책이 아님을 엄마들에게 알리고픈 마음도 있고, 피터 레이놀즈의 『점』처럼 우리만의 '점'을 그리고 싶은 마음도 있었다.

첫 독서 모임에 온 사람들을 보며, 평일 오전에 시간을 낼 수 있는 사람이 '주부'라고 생각한 시대착오적인 나의 발상이 부끄러웠다.

오전에 시간이 많은 사람은 주부만이 아니었다. 휴직 중인 회사원, 글을 쓰는 작가, 자영업을 하는 대표님 등등. 책을 읽고자 하는 사람들은 각자의 자리에서 책을 읽고 있었고, 교보문고의 독서 모임은 그 사람들을 한 자리에 불러모으는 역할을 할 뿐이었다.

책으로 의기투합한 우리는 30년 가는 독서 모임을 하자며 '팽조의 삶'을 이야기했다. 그렇게 읽기 시작한 책들이 쌓여 산을 이루고 있다.

책의 언덕을 오르며 우리는 각자의 자리에서 독서 모임의 리더로, 글을 쓰는 작가로, 청소년들의 꿈을 응원하는 강연자로, 상처받은 사람을 안아주는 상담사로 자리매김하고 있다.

2회 모임부터 '딜레땅뜨'를 자처한 우리는 작가가 되지는 못하더라도 아마추어의 최고봉, 독자로서의 최고봉이 되어보자며 지금까지 이어져 오고 있다.

　이제 우리는 큰 산 하나를 넘으려 한다. 책이 이룬 산을 넘으며 그 산꼭대기에 이 책 한 권을 보태려 한다.
　산을 넘은 후 뒤돌아보면, 우리가 넘은 산은 작은 언덕에 불과할지 모른다.
　우리 앞에는 더 높은 산들이 있고, 우리는 또 힘들어 포기하고 싶을지 모르나 그 산 또한 넘을 수 있을 것이라는 믿음이 있다.
　우리에겐 '딜레땅뜨'가 있으니까.

　딜레땅뜨는 '코로나 19'의 바람에도 너끈히 견디며 나아가고 있다.

　우리가 찍은 점은 점이 아니라 별이었다.
　우리 각자가 찍은 점들이 별이 되고 우주가 되었다.

✲✲ 차례 ✲✲

들어가는 글 · 4

1장 책을 만나다

1. 마침표 없는 배움–박혜정 · 12   2. 사서 하는 고생–강주혜 · 17
3. 숨통을 트다–김선황 · 22   4. 인생을 바꾸고 싶었다–빈경애 · 28
5. 그때, 책을 만났다–윤정애 · 33   6. 나의 코치, 책–정수영 · 38

2장 스며들다

1. 어려운 길을 택하는 사람–박혜정 · 44   2. 책을 헛읽었나–강주혜 · 48
3. 허기를 채우다–김선황 · 54   4. 여유가 생기다–빈경애 · 59
5. 나를 사랑하게 되다–윤정애 · 64   6. 잘 싸우고 잘 살아내고–정수영 · 69

3장 같이의 가치

1. 죽음에서 탄생까지-박혜정 · 76   2. 책을 통해 같은 기억을 가진 우리-강주혜 · 82

3. Hayya Hayya – 함께여서 더 좋다-김선황 · 88

4. 딜레땅뜨에 대한 추억-빈경애 · 93   5. 상담사, 인문학에 빠지다-윤정애 · 98

6. 나를 내던질 수 있는 용기-정수영 · 103

4장 한량들의 착각한 책 읽기

1. 배움의 모든 시간, 삶-박혜정 · 110   2. 착각이라는 이름의 욕망-강주혜 · 115

3. 아직 늦지 않았다-김선황 · 120   4. 글자만 읽다-빈경애 · 125

5. 뽐내고 싶은 독서-윤정애 · 130   6. 삶으로 읽는 독서-정수영 · 134

5장 독서와 일상의 불협화음

1. 한계 극복이 아닌 기예의 다룸-박혜정 · 140   2. 적과의 동침-강주혜 · 146

3. 동상이몽 독서 수업-김선황 · 152   4. 내 삶의 고갱이를 만들다-빈경애 · 157

5. 책에 대한 선입견-윤정애 · 162   6. 느린 독서 문장 씹기-정수영 · 166

6장 딜레땅뜨 독서, 나는 이렇게 읽는다

1. 다시 쓰는 책, 작가와의 공저–박혜정 · 172   2. 그냥 읽은 책–강주혜 · 179
3. 하루하루를 살다–김선황 · 185   4. 타인의 눈에서 나의 시선으로–빈경애 · 191
5. 책을 대하는 태도–윤정애 · 196
6. 나를 사랑하는 방법의 하나, 책 읽기–정수영 · 200

7장 책, 삶의 바탕이 되다

1. 모순적 삶의 태도–박혜정 · 206   2. 멈추시오–강주혜 · 211
3. 순간을 박제하다–김선황 · 217   4. 등불이 되어주는 독서–빈경애 · 221
5. 어제의 나, 오늘의 나–윤정애 · 226   6. 향유 독서–정수영 · 230

마치는 글 · 235

딜레땅뜨 선정도서 목록 · 240

제1장

책을 만나다

1. 마침표 없는 배움–박혜정
2. 사서 하는 고생–강주혜
3. 숨통을 트다–김선황
4. 인생을 바꾸고 싶었다–빈경애
5. 그때, 책을 만났다–윤정애
6. 나의 코치, 책–정수영

1

마침표 없는 배움

박혜정

새벽 독서를 하며 다시 일기를 쓰기 시작했다. 천 일이 넘었지만 나를 마주하는 것은 여전히 어렵다. 오그라드는 손을 불끈 쥐고 거울 앞에 서서 질문을 던져보기도 했고, 채 4시가 되지도 않은 시간, 이불을 개고 창문을 열어 뜨지 않은 해의 기운을 받아보기도 했다. 하늘을 향해 '비전'을 외치는 날도 있었다. 이렇게 하면 성공할 수 있고 행복할 수 있다기에. 자존감도 올릴 수 있다는데 하지 않을 이유가 없었다.

"너는 왜 살아? 어떤 삶을 살고 싶어?"

거실벽에 붙여둔 사명서를 읽으며 세상을 조금 더 아름답게 만드는 사람이고 싶다고, 말과 글로 세상에 행복을 뿌리는 사람이고 싶다고 나를 세뇌했다. 빈 노트에 백 번을 쓰며 한 번 더 강요했고, 말로 글로 나는 행복한 사람이라 떠벌리며 살았다.

한참이 지난 후에야 알았다. '삶의 목적은 행복'이라 말한 사람이 2,500여 년 전에 살았다는 것을. 아리스토텔레스라는 사람의 사상이 이어지고 퍼져 현생인류 모두가 중독된 듯 행복을 희망하게 되었다는 것을.

나 역시 행복을 좇다 보니 매사 긍정적인 사람이 되어 있었다. 하지만 모든 것에는 양면이 있기 마련이다. 게으른 나는 여유를 누리는 달인으로 둔갑했고, 깊이 없는 나는 다재다능 재주꾼이 되었다. 단점도 장점으로 승화시킨 초 긍정의 사람이었다.

니체를 만났다. 그의 말에 따르면, 나라고 믿었던 것들이 모두 자기기만의 산물이란다. 내가 나를 속이며 살아왔단다. 긍정으로 잘 포장해둔, 들키고 싶지 않던 내가 까발려진 기분이었다. 그제야 행복이 무엇인지 나에게 물었다.

그저 즐겁고 기분 좋으면 되고, 하고 싶은 일 하며 자유롭게 살면 행복한 거라 생각했다. 그렇게 사는 것이 행복인 줄 알았다. 정체 모를 무언가를 좇는다는 것, 눈에 보이지 않는 귀신을 쫓는 것과 무엇이 다를까? 큰 욕심 부리지 않고 행복하게 살고 있다고 생각했는데, 실은 행복의 정체를 모르고 있었다. 하루하루가 행복하다 떠들고 있는 나. 본 적 없는 귀신을 봤노라고, 유령은 이렇게 잡을 수 있는 거라 지껄이고 다니는 사람이 나였다는 사실을 알게 되었다.

"인생 뭐 별거 있어?"

친구들과 맛집에 가고, 사진이 잘 나오는 커피숍을 찾아 실컷 웃고 떠든다. 모든 것을 초월한 사람인 듯 떠들며, 이미 행복한 사람이라 자평하고 자위했다. 내 삶은 당연히 행복해야 하고, 자유로워야 하며 즐거워야 했고 기쁨이 넘쳐야 했다.

어느 하나 제대로 설명하지 못하면서, 책에서 주워들은 것을 내 생각인 양 질문하고 대답했다. 작가의 생각과 사상을 빌려 복습했다. 나와 대화하는 것이라 여겼고, 나를 안다 믿었다.

나는 녹음기였고 앵무새였다. 문장 사냥꾼이 되어 책 속에서 글 줄기를 건져 올렸고, 그 문장을 다듬거나 내 손맛을 더해 요리할 틈 없이 날 것 그대로를 내놓으며 내가 만든 요리라 자부했다. 모르는 것보다 더 무서운, 알고 있다고 믿고 있는 사람. 그 사람이 바로 나였다.

배우는 재미나 알아가는 즐거움의 시간은 짧고, 본 적 없어 모르는 세상은 읽고 배우는 것으로 좇아갈 수 없을 만큼 커졌다. 책 몇 권 읽었다고 뻣뻣해졌던 목에 스르르 힘이 풀리고 고개가 절로 수그러든다. 아는 만큼 보인다고 책 몇 권 읽은 기세로 배우지 않은 사람들 곁에서 나는 그들과 다른 사람이라고 내심 선을 긋고 있었다. 그러다가 책을 쓰고 읽으며 새로운 사람을 만났고, 내 세상 너머의 세상을 보게 되었다.

책은 부족한 내 모습을 보게 한다. 스스로 돌이켜 반성할 수 있도록 한다. 책이라는 세상으로 들어서지 않았다면 내 모습을 바로 볼 수 있었을까? 사람은 배운 만큼 자신을 알 수 있다. 자신의 부족함을 깨달을 수 있다. 책을 통해 부풀려졌던 내가 책으로 인해 부족함을 알게 된다. 자아 성찰이란 현재의 부족함을 알고 내가 바라는 모습과의 간극을 깨닫는 것이다. 그 차이를 메우기 위해 끊임없이 노력하고 매일 행하는 것. 지금껏 잠을 줄여 가며 책을 읽고 있는 이유다. 진정한 배움이란 공부를 통해 자신의 가치를 높이고 자아실현을 해가는 길이다. 자아실현이란 부자가 되어 뻣뻣해진 목을 갖는 과정이 아니라, 스스로 익히고 닦은 것을 통해 삶의 의미와 목적을 이루어 가는 과정 끝에 온다.

나를 알기 위해, 나의 부족함을 직시하기 위해 배움에는 마침표가 없어야 한다.

나만의 세상에서 또 다른 세상으로 통하는 문과 같았던 책. 시공간을 넘나드는 여행자가 되어 사람을 만나고 세상을 살피며 나라는 존재를 다시 찾고자 애면글면하고 있는 요즘이다. 부족하고 모자란 존재이지만 안되는 것 못 하는 것 가득한 세상에서 책이라는 세상의 길은 언제나 활짝 열려있음을 알기에 다행이다.

책을 만난 나, 낯섦에 매혹된 여행자이다.

2
사서 하는 고생

−강주혜

'총알이 떨어져 가고 있다!'라고 깨닫기 시작한 것이 15년 전쯤 되나 보다. 몇 발의 총알이 남아있긴 하나, 녹슬었을 확률이 높다. 표적을 향해 방아쇠를 당겨봤자, 불발탄일 것이 뻔하다. 그동안 명중률이 꽤 높았던 편이니, 총을 쏘지 않고 겨누고만 있어도 당분간은 버틸 수 있으리라, 착각했다.

그렇게 몇 년이 흘렀다. 비어있는 탄창을 채우리라는 다짐은 버려진 총알처럼 녹이 슬었다. 결혼, 출산, 육아가 촉매제 역할을 제대로 했다. 총알이 있는 척 표적을 겨눌 때 느껴지던 총구의 미세한 떨림은 어느새 총을 겨누지 못할 정도의 떨림이 되어 총을 내려놓아야 할 지경에 이르렀다.

삶이 전쟁터이고 독서가 총이라는 말을 하고 싶은 것이 아니다. 삶은 전쟁터도 아니고, 설령 전쟁터라 하더라도 독서가 나를 지켜주는 무기가 될 수는 없다.

우연히 장난감 총을 갖게 된 일곱 살 아이의 이야기를 하고 싶은 것이다. 장난감 총을 선물 받은 아이는 총을 쏘았고, 총알은 표적을 뚫고 지나갔다. 아이의 총알이 뚫고 간 표적의 점수는 중요하지 않다. 총알이 표적을 뚫었다는 사실에 경도된 아이는 매일 총을 갖고 놀았다. 아이가 쏜 총알은 점점 표적의 중심을 향해 나아갔다.

마누라가 예쁘면 처갓집 말뚝에도 절을 한다고 했던가. 언니를 사랑한 형부는 초등학생인 막내 처제에게 어린이날 선물로 금성출판사에서 나온 세계 명작 동화 전집을 선물했다. 나만의 책이 생겼다는 기쁨에 들춰본 전집에, 즐겨보던 TV 만화영화와 같은 제목의 책이 있다는 것이 신기했다. 신기해서 읽기 시작한 책 덕분에 친구들보다 먼저 만화영화의 결말을 알게 되었고, 그것은 또래보다 한 수 위라는 묘한 성취감을 갖게 했다. 만화영화에서 다 표현할 수 없었던 내용과 이야기의 결말을 미리 알고 있다는 사실이 나에겐 기쁨이었고, 친구들에게는 선망의 대상이었다. 우월감을 품은 기쁨은 이렇게 내 독서의 첫 열매가 되었다.

학교 공부보다 독서를 열심히 했다. 고등학교를 졸업한 뒤, 어쩌다 만나 차 한잔하게 된 친구의 말에 놀랐던 기억이 난다.

"나는 네가 참 신기하더라. 공부는 못 하는 데 아는 것이 많다는 생각이 들었거든."

난 단 한 번도 내가 공부를 못 한다고 생각한 적이 없었다. 그저 공부를 안 했을 뿐이지.

"총알이 다 떨어졌어. 밑천이 바닥났어."

우스개처럼 이야기했지만 사실이었다.

30대 이전에 읽은 책들로 상식과 교양이 약간 있어 보일 수 있었던 것은 사람들이 생각보다 책을 너무 안 읽은 덕분이었다. 그러다 가끔, 아니 자주 같은 이야기를 반복하고 있는 내가 보이기 시작했다. 채우지 않고 계속 퍼내기만 하니 바닥이 드러날 수밖에 없다. 습관처럼 책을 읽고 있지만, 호흡이 긴 책이 아니다. 총알은 채웠으나, 표적을 향해 나아가지 못하는 불량 총알들이다.

지적 허영심의 발로에서 산 두꺼운 책들은 작가와 제목만 기억한 채 인테리어 소품이 되어가고 있다. 총알의 유무만이 문제가 아니다. 더 먼 곳에 있는 표적을 맞힐 수 있는 정확하고 강력한 새로운 총이 필요하다. 총이 허접하니 총알도 딱 그 수준일 수밖에 없다. 사정거리가 짧고, 고장이 나기 쉬운 총은 버려야 한다.

총과 총알만 업그레이드시키면 문제는 해결될까? 총이 제아무리 좋아도 쏠 줄 모르면 몽둥이만도 못하다고 하지 않았는가. 거짓말처럼 언제나 모든 문제의 중심에는 내가 있고, 모든 해답의 열쇠 또한 내가 갖고 있다.

다시 책을 읽기 시작했다. 이젠 그 누구도 나에게 장난감 총을 선물하지 않는다. 하루가 온전히 자신의 시간이었던 일곱 살 아이는 더더구나 아니다. 나의 시간과 공간은 나만의 것이 아니기에 책 읽기는 속도가 나지 않고, 책 속에 깊이 빠져들 수 없다. 사정거리가 길고 성능이 좋은 총과 탄창을 채울 넉넉한 총알을 갖기 위해서는 기회비용을 내야 한다.

다시 책을 읽기 시작했다. 이젠 우월감을 품은 기쁨의 열매는 열리지 않는다. 어쩌다 열리는 '앎의 기쁨'이라는 열매는 '무지에의 자각'이라는 열매에 가려 자라지 못한다. 칼 세이건이 『코스모스』에서 인용한 토머스 헉슬리의 '앎은 한정되어 있지만, 무지에는 끝이 없다.'라는 말이 사실임을 알게 되었다고 내가 마냥 기뻐할 수 있겠는가?

'앎의 기쁨'이라는 열매가 달콤한데 쓴맛이 난다면, '무지에의 자각'이라는 열매는 쓴데 단맛이 남는다. '무지에의 자각'은 '앎에의 욕망'이라는 씨를 품고 있다. 그래서인지, '무지에의 자각'이라는 열매를 한 번 맛보고 나면 '앎에의 욕망'에 이끌려 책을 보게 되고, 또 다른 무지를 자각하게 된다. '앎'에 도달했다고 생각하는 순간 '무지'의 나락으로 떨어지고, 다시 '앎'을 향해 나아가게 된다. 진정 '앎'을 향해 나아가는 것인지 또 다른 '무지'를 향해 나아가는 것인지 알 수 없지만, 오늘도 나는 책을 읽고 있고, 하루를 살아내고 있다. 산 정상에 올려놓은 바위가 다시 아래로 굴러 떨어질지 알면서도 묵묵히 바위를 밀어 올리는 시시포스의 모습이 그려진다.

얼마 전 힘든 여행을 떠났었다. 길 위에서 스쳐 지나간 이가 물었다. 여행을 왜 하냐고.
"내 돈 주고 고생을 사서 하는 중입니다. 그런데 난 이 고생이 그렇게 하고 싶었답니다."
나의 독서도 여행하는 이유와 같다.
그 고생, 하고 싶다.

숨통을 트다
− 김선황

"선생님은 언제부터 책을 읽으셨어요?"
독서 관련 일을 하다 보니 자주 받는 질문이다. 언제부터 읽었나. 느릿느릿 시간을 거슬러 본다.

내게는 일곱 살 터울 큰언니와 다섯 살 많은 둘째 언니, 아래로 각각 두 살 터울의 여동생과 남동생이 있다. 오 남매 중 딱 가운데. 위에서 치이고 아래에서 치받는 그 위치에, 내가 있다.
아버지는 때로는 치열했고 가끔 의욕적이셨지만 자주 무너져 계셨다. 엄마는 갈라진 손톱 좌우로 하얀 테이핑을 한 채 낮엔 장사, 밤엔 집안일을 하셨다. 언니들은 궁핍한 사춘기를 살아내느라 예민했다. 몸이 약해 자주 칭얼거렸던 여동생을 챙기는 것은 내 몫이었다. 줄줄이 딸인 집 막내인 남동생은 특별한 존재라 사랑을 독차지했고 무조건적 챙김을 받았다. 중간에 끼인 나는 줄 타는 광대처럼 살았다. 이쪽저쪽의 눈치를 봐야 했고, 어느 고래 아래 있어야 오늘 내 등이 무사할까 거의 매일 치열하게 고민해야 했다.

어렸지만 경제적으로 어려운 집안 사정을 모를 수 없었다. 가난은 오감으로 왔다. 내 시선은 자꾸만 엄마의 빈 주머니로 향했다. 나는 자꾸 작아졌다. 희망이라는 존재는 꺼내기도 전에 사라져버렸고 무언가를 포기하는 속도는 점점 빨라졌다. 그리고 숨죽인 눈치가 따라붙었다.

숨 쉴 곳이 필요했다. 틀어박힐 물리적 공간이 존재하지 않는 단칸방. 유일한 도피처는 내 머릿속뿐이었다. 친구 집에서 보았던 책 속의 세계엔 한껏 사랑받는 공주도 있었고, 사랑 넘치는 부모님도 있었다. 아낌없이 주는 친절한 언니들도 있었고, 역경을 극복하고 마침내 자신들의 삶을 살아낸 영웅들도 있었다.

낮에 생경한 모습으로 내게 닿았던 활자들은 밤에 내 머릿속에서 3D로 구현되어 디즈니 궁전도 세우고 화려한 파티도 열었다. 2차원이 3차원으로 재현되는 그 순간들은 갈증인 동시에 해

갈이었다. 책을 친구네 집에서만 접할 수 있었기에 갈증이었고, 암담한 현실에서 맘껏 도피할 수 있었으니 해갈인 셈이었다. 일곱 식구가 공유하는 열 평 남짓한 그곳에서, 눈을 감으면 나는 별 가득한 우주를 날 수도 있었고 드넓은 대지를 달릴 수도 있었다. 현실 따위 내려놓고 가뿐히 뛰어넘을 상상의 힘이 있었다.

내가 초등학교 6학년이 되었을 때, 큰언니가 취직을 했다. 학교 갔다 돌아오니, 삼성출판사에서 나온 세계문학전집 50권이 있었다. 큰언니가 입사한 지 얼마 되지 않아 월급은 많지 않았을 터였다. 회사에 찾아온 판매원에게서 단체로 할부 구매했는지는 모르겠다. 중요한 건 내가 더 이상 기억에만 의존해 상상하지 않아도 된다는 것이었다. 무채색 현실이 채색되어 파스텔 꿈을 꾸게 되고, 위로받을 수 있고, 숨을 쉴 수 있는 피안의 세계가 열렸다는 것이다.

갈색 바탕에 금박으로 새겨진 세계문학전집의 위용은 찬란했다. 빛이 어스름한 시간에도 금박의 활자들이 번쩍였고 밤에 조명을 받으면 고급지게 빛났다. 연두색과 하얀색 두툼한 종이로 만들어진 책가위(책갑) 안에 담겨 있는 책들은 한 권 한 권 도도해 보였다. 그런 인상은 텔레비전에 나오는 부잣집 서가에서 자주 이 책들을 발견했을 때 더 굳어졌다. 우리 집에 있는 전집이 텔레비전에 소품으로 나온다니! 그 뿌듯함이란.

　책은 차별하지 않았다. 빈부에 상관없이 언제나 누구에게든 자신의 품을 활짝 열어주었다. 그 공평함이 미치도록 좋았고, 그 속에 자주 머무르고 싶었다. 책을 읽는 동안에 내 시야에는 온통 따뜻한 주황빛과 편안한 초록빛이 끝도 없이 펼쳐졌고, 가난의 냄새는 책 특유한 향으로 상쇄되었다. 나는 점점 더 책에 빠져들었다. 전집의 공식적 소유주는 언니였지만, 전집의 실소유주는 나였다. 세계문학전집은 내 보물 1호였다.(아마 오 남매 중 유일하게 실소유주였을 것이다)

　중학교 입학 전후, 2차 성징이 나타나면서 또래 친구들보다 부쩍 몸이 커졌다. 낯가림이 있던 나는 교실 한구석에서 조용히 독서하며 지내는 아이였다. 『신곡』, 『전쟁과 평화』, 『바람과 함께 사라지다』 등등의 고전들은 당시의 내가 이해하며 읽기엔 어쩌면, 아니 확실히 무리였다. 이해 여부를 떠나 문학은 내가 현실의 시공간을 벗어나도록 도왔다. 그 덕에 약간은 관조적인 삶을 살 수 있었다. 그 시간이 없었다면 나란 존재는 지금과는 다른 모습이었을 것이다. 만화책도 잘 읽지 않는 친구들이 보기에 나는 약간

신기하고 많이 어른스러운 친구였다.

너무 어려워서 읽다가 포기한 책도 간혹 있었지만, 대부분은 엉덩이를 떼지 않고 끝까지 읽어냈다. 두껍거나 어려운 책을 읽은 날엔, 나는 스스로 기특하다고 칭찬해 주었다. 거기에 선망과 감탄이 적절히 어우러진 타인의 표정은 내 자존감 지수를 올려주었다. 독서는 충분히 비뚤어질 수 있었던 사춘기 시절에 나를 엇나가지 않게 잡아주었다.

취직을 위한 공부를 하고 생계를 위한 직장에 다녔다. 결혼 후 육아를 하면서 정말 하고 싶은 일을 찾다 끝내 정착한 곳은 다시 여기, 독서의 세계이다. 짠 내 나는 십 대를, 불안했던 이십 대를, 엄마의 삶을 살았던 삼십 대를, 그리고 육아 퇴직을 하고 온전히 나로 살게 된 사십 대를, 나와 함께 관통해온 마르지 않는 내 반려자, 바로 책이다.

"처음엔 숨을 쉬기 위해 읽었고 지금은 숨을 잘 쉬기 위해 읽는다."

이제 오십 대! 어떤 '나'를 만날 수 있을까?

오늘의 내가 읽는 책이 내일의 나, 그다음 시간의 나를 말해줄 것이다. 그래서 나는 읽는다.

눈 비비며, 감탄하며, 잠을 잊으며, 읽는다.

4
인생을 바꾸고 싶었다
―빈경애

학창시절 취미를 공란으로 마주할 때마다 나에게 묻곤 했다.
'나는 부족한 사람인가?'
빈칸 앞에서 한없이 작아지던 나를 구해준 것은 단어 하나, '독서'였다. 하지만 '독서'로 칸을 채울 때마다 찝찝한 기분이었다. 책을 읽지 않으면서 취미가 독서인 사람이 나였다. 죄책감을 심어준 '독서'라는 단어가 씨앗이 되어 작으나마 열매를 맺게 되었다. 이제는 "취미가 뭐예요?"라는 질문에 "책 읽기예요."라고 웃으며 말할 수 있다.

"책을 언제부터 읽기 시작하셨어요?"라는 질문을 가끔 받는다. 선뜻 대답이 나오지 않아 언제 나의 독서가 시작되었는지 기억을 더듬어 본다. 한글을 학교 교과서로 배웠으니 교과서와 함께 읽기가 시작되었다. 산골에서 자라면서 책 구경하기가 힘들었고 초등학교 입학 전에는 동화책을 본 기억이 없다. 독서가 학교 교과서를 제외한 읽기를 말한다면 내가 기억하는 최초의 독서는 초등 고학년쯤 된다.

학급에 비치된 동화책 중에 『키다리 아저씨』를 중간 정도 읽다 그만둔 기억이 있다. 그때의 기억을 되살리면 드는 의문이 있다. 재미있게 잘 읽고 있었는데 왜 다 읽지 않았을까 하는 것과 키다리 아저씨가 누구인지 궁금해하면서도 왜 찾아보려고 하지 않았을까 하는 것이다. 언젠가 꼭 다시 읽어 봐야지 하는 숙제를 안고, 스포일러 당하지 않게 조심하며 살아왔다. 그러다 아이를 낳고 키우며 드디어 다시 읽게 되었다. 지금 생각해 보니 그때는 키다리 아저씨를 만날 마음의 준비가 되지 않았던 것 같다.

중학교 때 학교에서 고전 몇 권을 빌려 봤다. 책을 읽으면 있어 보일 것 같았다. 역시 책을 만날 기회는 학교뿐이었고, 학교 도서관이 있었는지는 기억나지 않는다. 『제인 에어』, 『폭풍의 언덕』, 『오만과 편견』 등을 읽으며 고전은 뭐가 다를까 고민해 봤지만, 결론은 언제나 '모르겠다.'였다.

어느 날 방에서 책을 읽고 있었다.
"공부는 안 하고 책 보고 있나?"
평소 공부하란 말을 하지 않던 엄마였다. 그 이후 책 보는 것이 불편해졌다. 엄마도 나도 독서에 대해서 무지했다. 나는 독서가 좋다는 막연함만 있었고 엄마는 공부 이외는 모두 오락으로 보았으니 말이다. 책에 대한 열정이 그렇게 있었던 건 아니었나 보다. '엄마 몰래 굳이 책을 봐야 하나?' 하며 마음을 접었다.

만화책도 빌려보기 힘든 시골이라 누군가 만화책을 학교로 가져오는 날은 기분이 들떴다. 겨우 내 차례가 왔는데 보는 도중 돌려줘야 했던 때의 아쉬움이 너무 컸다. 그다음부터는 만화책도 보지 않았다. 그렇게 중학교 시절도 몇 권의 책으로 지나갔다.
고등학교 때는 공부에 대한 부담감으로 책을 읽지 못했다.

이후로는 책을 거의 읽지 않았다. 첫 아이가 초등학교 입학을 하고, 둘째를 키우기가 힘에 부칠 때 문득 책 생각이 났다. 육아서를 찾아 읽었다. 어렵게 다시 만난 책이건만 아이들이 성장하며 또다시 책과 멀어졌다.
책에 대한 동경은 남아있었나 보다. 새 아파트로 이사를 했다. 도서관 무료봉사를 신청했다. 그렇다고 책을 읽은 것은 아니었다. 돌이켜 보면 책을 좋아했다. 책 읽기가 아니라.

책이 인생을 바꿨다고 하면 콧방귀를 뀌었다. 책은 필요한 정보를 얻기 위한 수단이자 재미 그 이상은 아니었다. "우리가 읽는 책이 우리 머리를 주먹으로 한 대 쳐서 잠에서 깨우지 않는다면, 도대체 왜 우리가 그 책을 읽는 거지? 책이란 무릇, 우리 안에 있는 꽁꽁 얼어버린 바다를 깨뜨려버리는 도끼가 아니면 안 되는 거야."라는 카프카의 말처럼 강력한 책 한 권을 만나서 인생이 바뀌기를 바랐었다. 그런데 그런 일이 나에게는 일어나지 않았다.

전업주부 경력만 20년 차인 나는 경제활동을 하는 사람들을 보면 부러웠다. 나도 무언가를 하고 싶었다. 파트타임 일자리를 구할 수도 있었지만, 나이나 벌이와 상관없이 체력이 될 때까지 할 수 있는 일을 하고 싶었다. '나는 무얼 좋아할까? 내 적성에 맞는 것은 무엇일까?' 고민하며 네일아트, 꽃꽂이, 그림 등 나의 적성을 찾아 전전했다. 누군가의 눈에는 한량으로 보였을 몇 년을 보냈다.

코로나가 오기 얼마 전 책 검색을 하다가 우연히 김병완의 『공부에 미친 사람들』이란 책을 보게 되었다. 읽다 보니 관심이 생겨 작가의 다른 책도 같이 보게 되었다. 3년 동안 독서에 매진했고 인생이 바뀌었다는 글을 보았다. 다른 것은 몰라도 3년 동안 책은 읽을 수 있을 것 같았다. 작가의 말이 사실인지도 확인하고 싶어졌다.

1일 1독 하는 사람들 이야기에서도 책으로 인생을 바꾸었다는 글을 읽게 되었다. 어느새 나의 목표도 1일 1독이 되었다.

이렇게 출발한 독서, 시작하자마자 난관에 부딪혔다. 쉬운 책인데도 잘 읽히지 않았다. 혹시 내가 성인 ADHD는 아닐까 의심했다. 몇 줄 읽고 딴생각을 하고, 앉은 지 얼마 되지 않아 다른 일을 하고 있었다.

속도도 문제였다. 다른 사람들도 천천히 읽는다고는 하지만 나는 더 느린 것 같았다. 마음이 급해졌다. 속독의 유혹이 찾아왔다. 잘못된 습관을 들이면 안 되겠다 싶어 그만두었다. 다시 슬~로(slow) 상태로 돌아왔다.

김병완 작가와 나는 출발점이 다르다는 걸 뒤늦게 알았다. 그래도 이미 시작은 한 상태, 멈출 수 없었다. 그만큼 나는 인생을 바꾸고 싶었다.

5
그때, 책을 만났다

− 윤정애

  죽마고우인 친구는 온 가족의 사랑을 받으며 자랐다. 책 사랑이 유별났던 친구의 할아버지는 옛날이야기를 들려주고 어린 손녀에게 책을 읽어주신다. 따뜻한 햇볕 아래 돋보기를 쓴 할아버지, 그 곁에서 귀를 쫑긋 세우며 이야기를 듣는 친구의 모습이 부러워 훔쳐보곤 했다. 친구네 집은 시집 장가가지 않은 고모, 삼촌이 책 선물을 해주어 책이 넘쳐났다.

  시골 우리 집, 내가 읽을 책이라곤 막내 고모가 결혼하기 전 보던 가정식 백과사전이 전부였다. 빨간 표지에 금박 글자가 박힌 책은 심심할 때마다 몰래 훔쳐보던 유일한 책이었다.

  여성의 자궁, 임신 주기, 성에 관한 이야기 등등 무슨 말인지도 모르는 내용을 호기심을 가지고 봤었다. 알록달록 사진이 첨부된 그 책은 문화적 혜택을 못 받고 자라는 시골 소녀에겐 경험하지 못한 시청각 자료였다. 결혼하고 아기를 가지면서 서점에서 산 '임신과 출산'이라는 책에서 고모의 책을 다시 보게 되었다.

친구가 빌려준 『키다리 아저씨』, 『빨간 머리 앤』, 『나의 라임 오렌지 나무』 등은 고모의 백과사전보다 훨씬 재미있었다. 이야기가 있는 책은 현실을 잊게 해주고 상상의 세계로 데려가 꿈을 꾸게 했다.

나한테도 키다리 아저씨가 있을 것 같은 환상이 생겼고 힘이 들 때면 키다리 아저씨에게 편지를 쓰기도 했었다. 『안네의 일기』를 읽고는 일기장에 이름을 붙이고 마음을 나누는 친구로 삼기도 했다. 할머니께 야단맞아 억울했던 일, 동생과 싸워 화가 났던 일, 작은 손으로 집안일을 도와야 했던 어려움, 친구와 다퉈 속상했던 일, 혼자 좋아하며 훔쳐보곤 했던 풋사랑의 설렘까지. 일기장 친구에게 다 토해내면 오만 감정으로 힘들었던 내 마음은 위로를 얻곤 했다.

정신없이 살았던 20대, 직장에서의 자리를 지키던 30대. 책을 사랑했던 흔적만 남아있던 나를 다시 찾은 건 40대가 되어서다.

번 아웃이 왔다. 사실 그게 번 아웃인지도 몰랐다. 북극곰 두 마리가 앉은 듯한 어깨의 무게, 핏발선 두 눈, 무거운 머리, 생각에 잠겨 중요한 걸 자주 놓치곤 하던 일상, 몸은 끊임없이 신호를 보냈지만 무시했다.

병원에 입원하며 강제적으로 모든 것이 멈추게 되자 비로소 알게 되었다. 제 기능을 하지 못하는 내 몸은 식은 채로 물을 데우기 위해 안간힘을 쓰는 난로였다는 것을

'무엇을 하고 싶었을까?', '무엇을 위해 달렸던 걸까?', '내 삶 속에 '나'가 있었던 걸까?' 허무해지기 시작했다.

공부를 그다지 잘하지 않았던 내가 우연히 전교 1등 친구와 짝이 되었다. 국·영·수에 대해선 할 말이 없었지만, 어떤 책에서 시작해 끝없이 이어진 그날의 수다에서 친구는 의외라는 시선으로 나를 쳐다봤었다.

자존감을 살려줬던 책에 대한 고등학교 시절 일화, 키다리 아저씨에게 편지 쓰던 나, 일기장 친구 '나래'에게 매일 밤 고민을 털어놓으며 위로받던 사춘기 소녀였던 나를 떠올리며 진짜 원하는 삶이 무엇인지 찾기 시작했다. 그때 책이 다가왔다.

모두가 잠든 밤 불빛 아래 혼자 깨어있는 시간의 고요, 책 속으로 온통 빨려 들어가 몰입하게 되는 오직 나만의 시간. 작가와

함께 생각하고 이야기하며 함께 있다는 느낌. 책을 읽으며 알게 된다. 책을 읽으며 에너지를 충전하는 극 내향형인 나는, 이런 시간이 절대적으로 필요하다는 것을.

지식을 쌓아서라기보다 작가와 함께 있게 되는 그 시간이 소중했다. 힘들 때마다 "기운 내."라고 속삭여주고 토닥여주며 지혜를 주는 그들이 고마웠다. 나이 들어 만나는 키다리 아저씨 같았다. 친구에게 책을 읽어주던 할아버지의 따뜻함, 책이 가득 꽂혀있던 친구 집 책장을 나도 모르게 동경하며 부러워했던 유년 시절의 상처 아닌 상처는 책 읽기로 나를 찾으며 치유되기 시작했다.

책은 에너지다. 나를 이끌어주는 가장 큰 나침반이다.

책 속 글귀를 나누며 함께 웃고 이야기하는 재미를 마흔이 넘어 처음 경험했다. '늦게 배운 도둑이 날 새는 줄 모른다.'라는 속담에 어울리는 생활을 하기 시작했다.

꼭 읽지 않더라도 어디든 들고 다녔고, 한 줄을 읽더라도 짬 날 때마다 책을 펼쳤다. 독서 모임에 참여하여 함께 읽는 재미에 빠지며 독서는 내 삶의 일부가 되었다.

책을 좋아하는 사람에게 끌린다. 핸드폰이 아닌 책을 잡은 사람에게 말을 걸고 싶어진다. 글로 된 언어로 나를 치유한 사례를 나누고 싶어질 때가 있다. 블로그에 글을 쓴다. 책 읽는 상담사의 글을 보고 내담자가 찾아왔다. 따뜻한 글에 위로받았다는 그들은 상담 후 나보다 더 많은 독서 모임을 찾으며 성장 중인 모습을 보여준다.

삶에서 어떤 힘든 일을 겪고 있다면 살며시 다가가 말해주고 싶다.

"일단 책 한번 읽어보세요."

6
나의 코치, 책

― 정수영

"툭, 툭, 툭……. 쿵, 쿵, 쿵……. 쿵쾅, 쿵쾅, 쿵쾅……. 쿵쾅, 쿵쾅, 쿵쾅 쾅쾅쾅……."
"자야 해, 자야 해, 자아야 해, 해, 해……."
"자야 한다. 자야 일을 할 수 있다."

'자야 한다.'는 강박에 시달렸다. 고민이나 갈등이 있는 날은 으레 밤을 새운다. 주기가 불규칙한 3교대 근무로 이런 증상이 더 악화되었다. 강박에 시달릴수록 불면이 심해졌고, 나의 심장 소리는 커져만 갔다. 심장 뛰는 소리가 커서 잘 수가 없을 지경이었다. 물건을 훔치다 걸린 도둑의 심장 소리가 이렇게 클까? 귀갓길 도로에서 음주 단속에 걸린 사람의 심장 소리가 이렇게 클까?

그랬다. 나의 심장은 불면 때문에 화산이 되었다. '자야 한다.' 는 강박은 점점 심해지고, 화산은 달아올라 활화산이 되었다. 내 심장 속 피는 용암처럼 뜨거워졌다.

뜨거운 피가 너무 오랜 시간 순환해서인지, 스트레스 때문인지 이곳저곳 몸에 고장이 나기 시작했다.

간호사 25년 차를 앞두고 사직을 했다. 산의 8부 능선을 지나 정상을 눈앞에 두고 부상으로 낙오된 등산객이 된 기분이라 해야 하나? 42.195km 결승점을 눈앞에 두고 부상으로 완주를 포기해야 하는 마라톤 선수가 된 느낌이랄까?

한동안 패배감이 나를 힘들게 했다. 나의 소심과 강박감이 나를 괴롭혔다. 백수가 되었지만, 생각은 늘 병원 현장에 있었다. 나의 필드를 전환해야 했다. 나를 단단히 세워줄 수 있는 무엇이 필요했다. 직장에서 알게 된 지인과는 한동안 거리를 두었다. 만남이나 통화는 시간의 관성에 끌려 나를 병원 현장에 데려다 놓았기 때문이다.

'자발적 고독'이라 멋있게 선언하고 독서로 시간을 보냈다. 그냥 읽었다. 가족이 일과를 위해 집을 나가면 나도 출근하는 것처럼 일정한 시간에 책상에 앉거나 조용한 커피숍을 향하거나 도서관에 갔다. 저녁이 되면 퇴근하듯 귀가했다. 큰 탁자를 거실에 내놓고 딸아이가 시험 기간이라 공부를 하면 새벽까지 함께 책을 읽었다.

"지금 당신은 무엇이 우선인지를 몰라. 아파서 퇴직한 사람이 운동은 안 하고 허구한 날 고시생처럼 책만 보고 있으면 어쩌자는 거야?"

남편의 질책은 귀에 들어오지 않았다. 우선 내 정신을 무장해야 했다.

'나는 왜 이렇게 소심하고 흔들림이 많은 것일까?'

질문을 던지며, 스스로를 관찰하는 습관이 생겼다. 불면이 나를 연구하게 했다.

자야 한다는 강박감이 오히려 더 잠을 달아나게 했고, 결국엔 한숨도 못 자고 출근해야 하는 날이 다반사였다. 잠의 노예가 된 기분이었다. 오기가 생겼다. 꼬박 뜬눈으로 밤을 새우고 출근해도 '죽지는 않더라.' 싶었기에 잠에 대한 강박에서 해방되기로 했다. 그렇게 나의 독서는 시작되었다.

극심한 피로감이 몰려와도 정해진 분량을 읽기 위해 잠을 포기하는 날도 생겼다. 독서에서 얻은 감동이 하루 정도의 피로는 충분히 견뎌낼 힘을 주었다. 책이 주는 매력에 빠져들기 시작한 것이다.

　책을 읽으며 뇌리에 박힌 의문들에 대한 해답을 하나씩 찾아 나갔다. 나에 대한 모든 것을 다양한 각도와 관점으로 성찰하게 해주었다. 나의 소심과 혼란은 남을 의식하여 생긴 것임을, 그들의 평가에 대한 불안과 두려움으로 비롯된 것임을 알게 되었다. 그것이 나의 욕구나 행복을 살피지 못하게 했다. 스스로를 기만하고 회피해 온 나를 인식하게 해주었다. 독서로 나를 보기 시작했다. 나에게 부끄럽고 미안했다.

　나를 안다는 것, 내가 원하는 삶을 산다는 것, 그것은 삶의 기본이다. 원하는 삶을 이루지는 못하더라도, 적어도 내가 원하는 삶의 방향으로 나아가게 된다. 타인과 비교 우위에 있기를 바라던 나는, 스스로 만족하는 삶을 살아야 함을 깨달았다. 타인의 시선과 평가보다 나 자신의 평가가 더 소중해졌다. 모든 것이 나에게로 향했다.

　시간은 신체와 정신을 퇴행하게 한다. 오래된 기계가 부식되고 고장이 생기듯, 신체도 퇴행하고 병이 생기기 마련이다. 그래서 등산, 헬스, 요가, 수영 등으로 근육을 다지고 각종 영양제를 복용한다. 신체가 쇠약해지고 노화되는 것을 최대한 늦추려 애쓴다.
 하지만 정신에 대해서는 등한시한다. 두뇌 활동을 하지 않으면 기억력 장애가 심해지듯, 정신 활동도 퇴행될 수밖에 없다. 한편, 꾸준한 두뇌 활동으로 정신은 나이와 상관없이 지속적인 성장이 가능하다. 이에 독서만 한 것이 없다. 독서는 정신의 근육을 키워내는 운동이고 영양제이다.

 책 속에는 무한히 확장된 세상이 있다. 우울 안에 갇혀 있는 나를 깨닫게 하고, 더 넓고 높은 곳에서 내다볼 수 있는 시선을 가지게 한다. 무지와 편견을 깨닫게 하고, 나를 알아가게 한다. 나를 객관화할 수 있는 능력이 생기는 것이다. 그 과정에서 반성과 겸손을 배우고, 존중과 배려를 배우게 된다.

 독서는 끊임없이 스스로 묻고 답하며 깨우치는 과정이다. 책을 읽으며 나는 어제보다 오늘, 오늘보다 내일 더 익어 갈 것이다.
 나의 코치, 책.
 책을 아끼며 사랑한다. 책을 끼고 있는 순간이 좋다. 몰입되는 그 순간이 행복하다.

제2장

스며들다

1. 어려운 길을 택하는 사람–박혜정
2. 책을 헛읽었나–강주혜
3. 허기를 채우다–김선황
4. 여유가 생기다–빈경애
5. 나를 사랑하게 되다–윤정애
6. 잘 싸우고 잘 살아내고–정수영

1
어려운 길을 택하는 사람

－박혜정

 아, 나는 똥을 찍어 먹어야 똥인 줄 아는 사람이었던가?
 고민의 여지가 없는 문제라 생각했다. 선택할 수 있다면 언제나 쉬운 길이었다. 어려운 길은 최선을 다해 피했고, 나의 모자람이 들킬 것 같은 일은 철저히 마다했다.
 뭘 해도 잘 되는 사람이고 싶었고, 재능 있는 사람이고 싶었다. 못 하는 게 없는 사람이자, 실패하지 않는 사람이고 싶었다. 인생에 큰 오점을 남기지 않았고 '적당'이라는 실력을 재능으로 둔갑시켜 살아왔다. 그렇게 쉬운 길만 고르고 골라 걸었더니 남은 건 자신에 대한 불신뿐.
 인생은 공평하다. 모든 것은 내 선택이었다. 매번 쉬운 카드만 썼다. 만만한 길만 골라 걸었더니 남은 카드는 패배자의 길과 고난의 길뿐. 패배자의 길, 고려할 필요가 없다. 남은 길을 째려본다. 한숨이 절로 난다. 어려운 길과 더 어려운 길만 남았다.

'노력', '최선', '인내', '고난' 등 감탄사를 남발하며 배운 깨달음은 다 어디로 간 것일까? 되는대로, 가볍게, 쉽게 살아온 시간은 고생과 고초를 피하는 나날의 연속이었다. 이제는 안다. 지금 어려운 길을 택하면 더 어려운 길만 남게 된다는 것을. 체력 좋은 젊은 시절 알았다면 좋았을 테지만 더 늦기 전에, 아직 근력이 남아있을 때 더 어려운 길을 택할 수 있음이 얼마나 다행인가.

작가라는 또 하나의 업을 가지고 나니 만날 수 있는 사람이 많아졌다. 같은 세상을 살고 있는데 한쪽에서 '일자리가 없다.' 하고, 또 다른 쪽에선 '일할 사람이 없다.'라고 한다.
더 나은 삶을 살고 싶다고 말하며 어제와 같은 삶을 사는 사람, 큰 욕심이 없기에 그저 지금보다 아주 조금만 더 경제적 여유를 누리고 싶다고 말하며 일일 근무시간 8시간 이상은 절대 할 수 없다고 말하는 사람, 새로운 일을 해보고 싶다고 말하며 공부는 싫다고 말하는 사람.
누군가 지금보다 더 나은 삶으로의 길을 거부한다면, 그 이유는 그 길이 어렵기 때문이다. 해본 적 없는 일을 해야 하고, 낯섦과 만나야 한다. 불편함을 감내해야 하지만 본능적으로 어려운 길을 피한다. 가 보지 않은 길이기에 더 어려워 보인다. 하기 전엔 걱정과 두려움에 사로잡히지만, 막상 시작하면 방법을 찾으려는 게 사람이다. 막상 해보면 어렵지 않은 일들도 많다. 해봐야 가늠할 수 있는 일인데도 움직이려 하지 않는다. 쉬운 일은 누구나 할 수 있다. 누구나 할 수 있는 일로 어찌 승부를 낼 것인가? 나쁜 짓은 쉽다. 실패도 쉽다. 삶의 무게를 외면하는 것은 더 쉽다. 생각하지 않고, 행동하지 않고, 배려하지 않기도 쉽다. 오늘 할 일을 내일로 미루고, 미래를 포기하고, 당장 싸구려 쾌락에 빠지는 것도 쉬운 선택이다.

성공은 누구에게나 어렵다. 바르게 산다는 것은 더욱 어렵다. 어려운 일이기에 누적되는 행동은 나만의 특질이 된다. 어려운 일이기에 보람을 느끼고, 쉽지 않아 가치를 둔다. 세상을 이롭게 하는 사람들, 그들이 아름다운 이유는 내가 하고 싶지만 하지 못하는 그 일을 하고 있기 때문이다. 세상을 보다 더 좋게 만들려는 사람을 곁에 두어야 한다. 나에게 유익한 사람과 관계를 맺는 것은 이기적 행위가 아니라 바람직한 행위다. 나는 그들 덕분에 좀 더 나은 사람이 되려 하고, 그들도 성장하는 나를 보고 좋은 영향을 받는다. 건강하고 이상적인 관계란 이런 것이다.

고원한 목표를 가진 사람들 곁에 있으면 함부로 행동하기가 어렵다. 사소한 선택이라도 신중하게 결정하고, 소임과 책임을 완수하기 위해 각오를 다진다. 위대한 결과는 운명을 건 도전에서 나오고, 모든 영웅은 심판의 순간에 탄생한다지 않던가. 다비드처럼 불가능해 보이는 원대한 목표를 향해 나아갈 때야 비로소 현재의 부족함과 미래의 가능성이 동시에 드러난다.

과거 도망치는 사람들 틈에 섞여 부족함에 집중했다면, 이제는 가능성을 본다. 움직이고 시도한다. 그들의 냉소주의와 게으름이 정당화될 수 없다는 걸 삶으로 증명하려 한다.

선하고 건강한 사람들과 함께 지내는 일이 쉬울 것 같지만, 그런 사람과 가까이 지내려면 강인한 의지와 꾸준한 노력이 필요하다. 겸손해야 하고, 용기가 있어야 한다. 모든 걸 스스로 판단해야 하고, 조건 없는 동정도 연민도 경계해야 한다. 기꺼이 어려운 길을 걸으려는 모든 사람을 존경한다. 삶의 연륜과 상관없이 그들은 나의 스승이자 멘토이다.

어려운 길을 기꺼이 걷는 이가 되고자 한다. 최고의 모습을 기대하는 사람을 만나려 한다.

2
책을 헛읽었나

-강주혜

　'남자한테 참 좋은데 뭐라 설명할 방법이 없네.'라며 안타까워 하던 모 중소기업 사장님의 광고 카피가 생각난다. 그 마음, 알 겠다. 지금 내가 딱! 그 마음이다.

　참 좋은데 뭐라 설명할 방법이 없다. 책을 헛읽었나? 모름지 기 책을 좀 읽었다 하면, 독서가 나에게 미친 영향이나 책을 통 해 얻은 것들을, 일련번호 붙여가며 논리정연하게 독서의 좋은 점을 말할 수 있어야 하는데 말이다. 다이어트 광고처럼 'before, after' 사진이라도 남겼어야 했나? 난감한 건, 나의 'before' 때 모 습이 생각나지 않는다는 것이다.

이 대목에서 재밌는 상상 하나, "나, 원래 이러지 않았나?"라고 내뱉었을 때, 주위의 반응이 궁금하다.

"나 원래 이러지 않았나?"라는 질문에 "착각하지 마, 너 예전엔 안 그랬거든!"이라고 반응을 한다면, 그나마 내가 책을 읽고 좋은 방향으로 조금 변했나 하는 위안을 받을 수 있을지 모른다.

그런데 만약에 말이다, "응, 원래 그랬어."라고 나의 말을 긍정한다면? '원래도 별로였는데, 지금도 여전히 별로야.'인지 '넌 원래부터 괜찮은 애였어.'인지 어떻게 알 수 있지?

재밌는 상상이라 이야기했지만 마냥 재밌지는 않다. 책 몇 권 읽는다고 사람이 쉽게 변할 수는 없으니 그것은 문제 되지 않는다. 나의 달라진 모습을 나 아닌 타인의 평가에서 찾으려는 상상이 못마땅하다. 아무래도 책을 헛읽었나 보다.

여전히 두꺼운 책은 부담스럽고, 고전의 반열에 올라 있는 책들은 구미가 당겨 읽되 완전히 소화해내지는 못한다. 완독 후의 뿌듯함은 선물 같은 감정이라 감사한 일이나, 은근슬쩍 혹은 대놓고 책을 읽은 티를 내는 설익은 벼 같은 모습에 낯뜨거워지는 경우도 허다하다. 책을 읽은 뒤 변화는 발전적이고 긍정적일 것이라는 편견과 선입견에 사로잡혀 머리가 터질 지경이다. 책을 읽은 뒤 눈에 드러나지 않는 내적인 성장은 언감생심 꿈도 못 꾸고 겉으로 드러나는 변화가 무엇일까 생각하니 쓸 말이 없다. 아무래도 책을 헛읽었다.

책을 통해 얻은 것을 나열할 수는 없지만, 책을 읽고 희미해졌거나, 사라져버린 것들은 몇 가지 떠오른다.

모르는 것을 모른다고 말하는 것이 부끄럽지 않다. 책을 읽을수록 모르는 것이 쌓이는 느낌이다. 독서의 목적이 내가 무엇을 몰랐는지 알아가는 과정이라면 책을 영 헛읽은 것은 아닌가 보다. 요즘 유행하는 말로 메타인지가 생긴 건가? 모르는 것을 인정하자 흐르는 물처럼 자연스럽게 알고자 하는 욕구가 밀려든다. 그러니 책을 계속 읽을 수밖에.

'욕망'을 드러내는 일에 주저하지 않는다. 무지의 인정만큼 쉽지 않았던 일이 욕망을 입 밖으로 내뱉는 행위였다. 감추어야 할 치부 같고, 은밀하게 나 혼자만 알게 키워야 할 것 같았던 욕망을 끄집어냄으로써, 나의 욕망과 타인의 욕망이 만나 더불어 커나갈 수 있다는 것을 알게 되었다.

책을 읽으면 이성이 날카롭게 날을 세울 줄 알았는데, 웬걸, 이성은 무른 칼처럼 이가 빠지고 무디어졌다. 책 속에서 만나는 온갖 종류의 인간 군상과 우연과 필연이 난무하는 상황들은, 냉철한 이성으로 정확한 판단을 하는 그것만큼이나, 무디지만 단단한 이성으로 제자리를 지켜내는 것도 중요하다는 것을 알게 해 주었다. 책을 읽을수록 날카로운 이성은 모가 닳기 시작했다.

 이성이 모가 닳자, 자극에 반응하는 방식도 둥글어지는 느낌이다. 자극에 대한 반응이 다양해졌다고 말하는 것이 더 정확할까. 나의 감정이나 가치관에 반하는 자극이 느껴지면 주춤댄다. 자극과 반응 사이에 '생각'이라는 것이 끼어들면서 감정적인 대응이나 즉각적인 판단을 유보한다. 한 템포 쉬었다 나타나는 반응은 대부분 강도가 약해져 있거나 수용, 공감, 회피 등 다양한 방식으로 자극을 흡수해버리기도 한다. 때론 '생각'이라는 단계를 거친 뒤 더 과격하고 단호하게 반응하기도 한다.

 '절대적'이라는 관형사의 사용이 꺼려지고, '확신'이라는 단어가 부담스러워지면서 자연스레 '고집'의 강도도 약해지고 있다. 모든 것이 중요하나 특별히 중요한 것도 없는 것 같다. 소신은 있는 듯하나 신념은 없어 보이고, 유연한 듯하나 우유부단해 보이기도 한다.

 이러한 변화들이 독서를 통해 나타나는 현상인지, 아니면 나이가 들어가면서 나타나는 노화의 과정인지 알 수 없다. 그것이 무엇인지는 모르나, 나를 덜 피곤하게 한다. 스스로 나쁘지 않은 변화라고 느끼고 있다.

지갑에 돈이 없으면 불안하던 시절이 있었다. 고향 친구들과 학교 앞에서 자취하던 때였다. 차를 타지 않아도 가고 싶은 곳을 걸어서 갈 수 있었던 고향과는 달리, 대학이 있던 도시는 가고 싶은 곳을 가려면 차를 타야 했다. 지갑 속에 적어도 차비는 있어야 마음이 놓였다. 부모님과 떨어져 있고, 아는 사람을 손가락으로 다 꼽을 수 있을 정도로 낯선 도시에서 난 지갑 속의 돈에 의지했는지도 모른다. 스무 살의 촌뜨기였던 그 시절의 나를 돈에 의지한 속물로 폄하할 수는 없다. 그땐 자신을 스스로 지킬 수 있는 어른인 줄 알았는데, 지금 생각하면 나를 지키는 것이 무엇인지도 모르는 어리디어린, 아이였다.

　지금은, 지갑에 돈이 있어도 불안하다. 차비가 있다고 원하는 곳은 어디든 갈 수 있는 것이 아니라는 사실을 알아버렸기 때문인지도 모른다. 나 자신을 온전히 지키지도 못하는 상황에서 내 아이도 지켜야 하기에 더 불안한지도 모른다. 하지만 내 속에 있는 불안이 나를 삼키지는 못한다는 사실 또한 알기에 불안은 불안의 역할을 하도록 내버려 둔다. 불안은 나를 안전하게 지키기 위해 생겨난 감정이라는 것을 어렴풋하게 깨닫게 된 것이 책에서 만난 숱한 상황과 인물들 덕분이라고 우겨보고 싶다.

　요즘은 외출할 때 지갑 속의 돈을 챙기기보다 가방 속의 책을 먼저 챙긴다. 책이 없다고 불안한 것은 아니지만, 책이 있으면 든든하다. 계획된 시간의 흐름에서 길을 잃거나, 모르는 장소에 불시착하더라도 책이 있으면 크게 문제 될 것이 없다. 책은 끊어진 시간을 메꾸어 주기도 하고, 낯선 장소에서 나만의 안전한 공간을 만들어 주기도 한다.

'돈'은 돈의 액수만큼만 나를 어딘가로 데려다준다. 멀리 떠나고 싶으면 그 거리만큼 돈이 더 필요하다. 발은 땅을 딛고 눈은 꿈꾸듯 멀리 볼 수밖에 없는 현실이다. 돈과 달리 책은 내가 원하는 세계를 나에게 데려온다. 시공간을 초월한 세계가 책을 통해 나에게로 온다. 하지만 나는 금이 간 항아리처럼 나를 채운 세계들을 온전히 내 속에 담아두지 못한다.

그러니 책을 계속 읽을 수밖에.

3
허기를 채우다

— 김선황

  이윤기의 『그리스·로마 신화』가 유행하던 시기가 있었다. 신화를 체계적으로 읽은 적이 없었다. 베스트셀러 목록에 오래 있는데 읽어야 하지 않을까 하는 마음으로, 책 몇 장을 넘겨보았다. 첫 장부터 근친상간과 동성애가 난무하다. 신이 인간보다 질투심도 심하며, 더 변덕스럽기도 하다. 굳이 시간을 들여, 신화를 읽어야 할까 생각에, 깊은 고민 없이 책을 덮어버렸다.

  아들들이 초등학생이 되자 이번엔 『그리스·로마 신화』 만화가 유행했다. 아들들이 막장 같은 만화에 빠져 왜곡된 생각을 가질까 우려되었다. 교육을 내세워 『그리스·로마 신화』 만화책을 치워 버렸다. 신화시리즈는 내 시야와 도서 목록에서 사라졌다.

그리고 20여 년이 훌쩍 지나, 2019년 코로나로 일상이 멈췄다. 세상의 중심축이 갑자기 정지되었고, 오프라인 세상 너머 온라인 세상으로 옮겨가고 있었다. 표면상 '멈춤' 상태인 지구촌 아래에서 백조처럼 발놀림을 재게 움직이는 세상이 있었다. 중심이 옮겨졌을 뿐 오히려 더 활기차게 살아 숨 쉬는 세상이었다.

도태되지 않으려면 나도 움직여야 했다. 어떻게 해야 하는지 방법도 방향도 몰랐지만 일단 움직였다. 우선 온라인 독서 모임으로 하는 『그리스·로마 신화 읽는 모임』에 참여했다. 매일 읽은 흔적이 담긴 인증샷을 단톡방에 올리고, 일주일에 한 번 온라인 독서 토론 모임에 참여했다. 그동안 신화를 의식적으로 도외시해 왔지만, 이제는 고3처럼 공부하는 마음으로 읽기 시작했다.

그러자……
그동안 내가 얼마나 고집스럽게 한쪽만을 보고 있었는지 인지할 수 있었다. 신은 완벽하다는 기준을 정해 놓고 거기에 맞춰 신들을 판단하고 이를 확대해석한 것이다. 더 최악은 미리 판단하고 오해한 그 상태에서 독서를 멈췄다는 것이다. 학생들에게 비판적 독서를 하라고 말하면서 정작 나는 독서 편식을 하고 있었던 것이다.

토마스 불핀치가 쓴 『그리스 로마 신화 100』으로 시작했다. 여러 번 읽어가며 나를 예열했다. 조금 익숙해지자 『원전으로 읽는 아폴로도로스의 그리스 로마 신화』를 연달아 읽었다. 몇 번을 읽어도 여전히 인물이 헷갈리고 몇몇 이야기는 낯설었다. 신화는 상식과 지식으로 접근하기보다 신으로 대변되는 인간들의 삶을 보려는 노력이 필요하다는 걸 점차 체득했다. 혼자 책을 읽으면 보이지 않던 부분이 있다. 신과 인간관계 사이의 복잡하고 미묘한 관계들이 독서 토론 모임을 통해 보이기도 했다.

진짜 중요한 건 이다음에 시작되었다.
『그리스 로마 신화』에서 파생된 책들이 꼬리에 꼬리를 물기 시작했다. 서양의 거대 물줄기 원류부터 다시 시작하는 기분이었다. 호메로스, 헤로도토스, 투키디데스에서 흘러넘쳐 단테, 셰익스피어, 괴테로 이어지는 지류에서 서양 고전의 흐름이 조금씩 보이기 시작했다. 몰라도 즐겁게 읽었던 책들이었다. 하지만 『그리스 로마 신화』를 읽고 나서 다시 읽으니, 작품 여기저기서 신화에서 차용한 내용이 '매직아이'같이 도드라지면서 입체감을 얻었다. 심장에서 따끔하고 찌릿한 진동이 지속적이면서도 불규칙적으로 뛰며 즐거운 파동을 전했다.

하나하나 알아간다는 것, 그리고 그것들에 대해 말할 수 있는 시간과 장소와 대상이 있다는 것은 지적 허기를 채울 수 있는 필수 영양소를 채울 수 있다는 것이다. 기분 좋은 떨림이 전신을 감싼다.

신화를 왜 계속 읽느냐고 물어보는 사람에게 서울대 인문학부 김헌 교수는 이렇게 말한다.

"신화는 다양하고 모순적인 이야기에 삶에 대해 깊은 성찰의 기회를 제공한다. 그래서 자신만의 삶의 해답을 찾아 나갈 수 있다." ('차이나는 클라스' 중에서)

오이디푸스는 친부를 죽이고 친모와 결혼한다는 가혹한 신탁을 피해 타국으로 갔다. 그곳에서 여전히 그의 운명은 진행 중이었다. 신탁대로 친부를 죽였고, 친모와 결혼해 자녀들을 낳아 살았다는 사실을 안 순간 그는 스스로 제 눈을 찔렀다. 신이 정해 놓은 운명의 손바닥을 벗어날 수 없더라도 눈을 찌른 행위는 온전히 오이디푸스의 의지 결정이었고 스스로 찾은 해답이었다. 그리고 거기서부터 자신의 삶을 마저 살아냈다.

나만의 해답 찾기는 여전히 진행 중이다. 나를 둘러싼 세계가 파동을 그리며 퍼져나가 누군가의 파동과 맞물리는 순간, 보일 듯 말듯 애매한 답이 주어지기도 하고 오히려 다른 궁금증이 더 야기될 때도 있다. 또 슥슥 밑줄 긋다가 유난히 노란 색연필로 강조하고 별표까지 그려 넣는 정성을 들인 감동 구절이 불시에 나를 찡하게 안아줄 때도 있다.

내가 책을 읽으면서 배우는 것이 있다면 이런 것이다. 지혜의 화수분이 시대를 초월해 책 안에 있다는 것, 그리고 그 맛은 극강의 중독성분으로 달곰쌉쌀하다는 것이다. 내가 시선을 돌리기만 하면, 손만 뻗기만 하면, 닿는 그곳에, 책이 있다.

4
여유가 생기다

−빈경애

 첫해는 멋모르고 허겁지겁 책을 읽으며 시간이 지나갔고 다음 해부터는 조금의 여유가 생겨 독서 모임에 다니기 시작했다. 역시 혼자 하는 독서와 여러 명이 이야기를 나누는 독서는 확실히 달랐다. 독서 모임에서의 책은 잊히지 않는다. 책의 내용과 함께 이야기를 나누었던 장면들도 같이 떠오른다. 내 생각과 더불어 다른 사람들의 생각이 더해지며 사고의 폭이 조금씩 확장되어 나갔다. 예전에 보지 못했던 것을 다른 각도에서도 바라볼 수 있었다. 조금 더 여유가 생기자 상대방의 입장에 서보게도 되었다.

 우리 집 식구들은 책에 아무런 관심이 없다. 오히려 책을 읽는 엄마를 이해하지 못하는 듯하다. 특히 둘째는 "엄마, 그렇게 책 읽어서 나중에 뭐할 거야?", "책을 그렇게 봐도 하나도 변하는 게 없는데 책을 왜 읽어?" 내가 아이들에게 핸드폰 좀 그만 보라 하면 "엄마도 책 중독이다. 책 좀 그만 봐."라며 응수를 한다.

그동안 아이들은 엄마가 변한 게 없다는 말을 하곤 했다. 정말 내가 변한 게 없는 걸까?
무작정 책만 읽으며 달리다 보면 문득 '내가 왜 책을 읽나?'라는 의문이 들 때가 있다. 뭔가를 배우게 되고 깨닫게 되는 것 같아 즐거움은 있지만 '그래서 내 생활에 무슨 변화가 일어났나?' 생각해 본다. 그럴 때면 과거의 내 모습과 지금의 내 모습을 비교해보며 힘을 냈다. 나만이 느낄 수 있는 내면의 변화가 밖으로 드러날 때가 올 것이란 믿음이 있었다.

요즘은 책 읽는 엄마에 대해 별다른 말을 하지 않는다. 처음엔 책의 거의 모든 내용이 생소한 것이었다. 읽을 때마다 '이럴 수도 있구나!' 했다가 다른 책을 보면 '어! 여기서는 저렇게 말하네!' 하면서 무조건 흡수만 했다. 한쪽 면만을 고집하게 만드는 선입견이나 고정관념은 이런 정보들의 흡수로 조금씩 약해지기 시작했다. 다른 관점에서 볼 수 있게 되자 화가 났던 상황이 이해가 되고, 무가치의 이면에 있는 가치도 알아차리게 되었다. 내 믿음에 대한 열매가 하나씩 열리고 있다.

 아이들을 키우면서 사회생활을 하지 못한 나! 경제력도 없고 이룬 게 하나도 없다는 생각이 들 때면 종종 남들이 부러웠다. 경제활동을 하는 친구들, 티브이에서 전문직으로 활동하는 사람들, 예술작품이나 무언가를 만들어 내는 사람들이 부러웠다. 그러자 뭐 하나 이룬 것 없이 살다 가면 삶이 참 허무할 것 같았다. 죽음의 현장에서 일하는 사람의 책을 만났다. 제목은 기억나지 않지만, 나이가 들어 또는 병으로 죽는 사람 어릴 때 사고로 죽는 사람 등 수많은 사람의 죽음 이야기를 다루었다. 어떻게 죽든 모든 죽음은 가치가 있다는 내용이었다. 이 책을 읽고 삶과 죽음에 대한 나의 태도가 변하기 시작했다. 무언가를 이룬 삶만이 전부가 아니란 생각이 들자 마음이 편안해졌다.

 그리고 니체를 공부하면서 새로운 세상에 눈을 뜨게 했다. 망치를 든 철학자라는 표현에 걸맞게 흠씬 두들겨 맞고 나자 철저히 노예로 살아가고 있는 내 모습이 보였다. '절대 진리는 없다.', '변하는 것이 진리이다.', '가치는 변한다.' 등의 글에서 '~는 이래야만 한다.'라는 딱딱한 고정관념이 '그럴 수도 있겠다.'라는 유연함으로 바뀌었다. 그러자 내 마음에서 꽁꽁 언 개울물이 갈라지며 졸졸 물 흐르는 소리가 들렸다. 경직되었던 나의 마음이 풀리니 나의 불안도 많이 사라졌다. 긴 터널을 지날 때면 공포감이 항상 있었다. 터널에만 들어서면 심장이 빨리 뛰고 손에 식은땀이 난다. 터널의 입구가 보이면 그제야 긴장이 풀린다. 이제는 아무 생각 없이 터널을 지난다.

불필요한 곳에 심리적 에너지를 쓰지 않으니 일상생활에서 나의 행동이 눈에 들어오기 시작했다. 식탁에서 나, 엄마, 둘째랑 점심을 같이 먹고 있었다. 친정엄마가 나에게 좀 전에 만든 오이소박이를 먹어보라고 한다. 먹었는데 보지 못했나 보다. 엄마를 생각해서 하나 더 먹었다. 그러더니 "국물까지 떠서 먹어야 더 맛있지." 하면서 국물도 먹으라 한다. 순간 '내가 밥도 내 마음대로 못 먹나?' 하는 생각이 올라왔다. 간섭이 싫은 거다. 내가 먹고 싶은 반찬에 먹고 싶은 만큼 맘 편히 먹고 싶었다.

내 앞에는 내 아들도 같이 있었다. 이 녀석은 밥 먹는 것 자체를 싫어한다. 편식도 엄청 심하다. 학교에서 점심을 거르고 집에 오면 배가 고프니 라면을 끓여 먹거나 간식을 먹는다. 그러다 보면 저녁을 건너뛰고 나중에 다시 간식으로 배를 채우는 식이다. 그래서 식사시간에 밥을 먹이려면 마음을 단단히 먹어야 한다.

밥과 제육볶음을 먹는데 다른 반찬은 손도 대지 않는다. 반찬을 집어 주었다.

"이것만 먹으면 더 먹으라고 안 할게."

그러자 이 녀석이 짜증을 낸다.

"안 먹는다고~~~!"

위의 두 상황이 연속으로 일어났다. '엄마의 행동과 나의 행동은 뭐가 다르지?' 순간 번쩍였다.

나는 알아서 잘 먹는다. 하지만 내 아들은 편식도 심하고 달래듯이 먹여야 겨우 먹게 되고, 이렇게 해서라도 먹는 습관을 들여야 할 것 같고……. 등등 합리화를 한다.

'내가 지금 하는 행동이 잘하는 건가?'

하지만 분명한 건 아들 마음이 조금 전 내 마음과 같다는 것이다.

순간 나를 챙겨주고 싶은 엄마의 마음이 와 닿았지만 그렇다고 엄마의 요구에 맞추고 싶지 않았다. 그래서 아들에게 반찬을 집어 주는 행동을 그만두기로 했다. 이런 알아차림이 반갑다. 그렇다고 내 마음이 아주 편해진 건 아니지만, 그것은 내가 견뎌야 하는 몫이다. 나와 너, 나와 세상 틈 사이로 책이 가져다준 또 다른 여유라 생각한다.

5
나를 사랑하게 되다

−윤정애

눈치 보는 삶을 살았다. 누가 봐도 당당하게 제 삶을 꾸려나가는 것처럼 보이지만 나는 알고 있다. 주변의 눈치를 살피느라, 칭찬받고 싶어 하기 싫은 일까지 해내는 일상의 연속이라는 것을. 다른 사람이 불편하게 느끼는 것이 더 불편해 몸을 바지런히 움직였다. 몸보다 마음이 편한 쪽을 선택한다. 누군가가 나를 위해 베푸는 친절에 익숙지 않다. 친근하게 다가오고 칭찬하는 말을 하면 무슨 꿍꿍이가 있는 게 아닐까 의심부터 했다. 사회적 불편감이 높은 사람이었다.

나는 단단한 껍질 안에 알맹이를 숨기고 있는 호두 같다. 망치로 깨기 전엔 고소하고 영양가 높은 호두를 맛볼 수 없다. 껍데기를 깨는 건강한 망치가 책이었다.

삶을 살고 있지만 만족스럽지 못했고, 동경하는 삶을 사는 사람들에게 질투를 느꼈다. 보이는 것에만 집중해 허덕이다 보니 숨이 찼다. 가파른 산을 급하게 오르는 사람처럼 헐떡이며 살았다.

책을 읽으며 자신의 이야기를 하는 작가들의 말에 고개가 끄덕여졌다. 처음엔 이런 멋진 생각을 근사하게 표현하는 작가들에게도 질투가 났다. 내가 가지지 못한 그들의 재능이 부러웠고 따라 하고 싶었다. 작가가 하는 말이 진리라 생각했다. 무비판적으로 수용하며 마치 그것이 내 생각인 것처럼 흉내 냈다.

어느 순간 질투했던 내 모습에 웃음이 났다. 질투라니! 작가의 생각과 내 생각이 구분되며 반론을 제기할 때도 있고, 미처 알지 못한 지식을 접했을 땐 다른 책을 참고하며 배움으로 이어지기도 했다. 사람들 앞에서 내 마음을 잘 전달하지 못했지만, 책 귀퉁이에 작가에게 하고 싶은 말, 생각의 메모가 쌓이며 나를 발견하기 시작했다.

'이런 생각을 하고 있었구나. 이런 마음이었구나.'

충고받고 평가당하는 불편함이 없는 오직 나와 작가만의 대화에서 진짜 나를 보게 된다.

때론 아집도 있었다. 사람들의 말을 경청하는 듯 보였지만 마음속으론 철저히 부정하고 외면했다. 내 생각과 다른 사람의 의견을 듣고 반론을 제기하는 것이 어려웠다. 따지는 것처럼 보였고 굳이 내가 옳다는 걸 상대방에게 설명하고 싶지 않았다. 나만 옳다고 생각하면 그만이었다. 진짜 내 마음을 알고 나니 상대방의 말이 마음으로 받아들여지기 시작했다. 내 생각과 다른 생각을 하는 상대방의 마음이 어떤 것인지 알고 싶어지고 근원이 궁금해졌다. 끝까지 경청하며 이해를 바탕으로 한 대화를 이어갈 수 있게 되었다. 나로 채워지니 진심으로 '당신이 옳다.'라고 말해 줄 수 있었다.

마음의 여유를 얻게 되었다. 삶에 쫓기며 온전히 나로 살기 힘든 현실을 바라보게 된다. 작가들의 삶을 통해 배운다. 나보다 먼저 산 그들의 삶에 대한 회한, 안내, 철학을 간접적으로 경험하며 어떻게 사는 것이 잘사는 것인가에 대한 나름의 기준이 생겼다.

내일을 걱정하느라 밤새 일에 파묻혀 살았던 과거가 있다. 여유로운 삶을 추구하지만 회귀본능처럼 옛날 모습으로 되돌아가는 나를 발견한다. 지도 교수님은 언제나 지금-여기를 강조한다. 5층 연구실을 계단 오르기 운동으로 이용하는 교수님. 퇴임을 앞둔 교수님의 '건강 지킴이 계단 걷기'는 만만치 않다고. 시작할 때의 마음은 부담이지만 한 계단 한 계단 충실히 올라가다 보면 어느새 목적지에 도착해있더라며 제자들에게 지금 여기에 집중하며 살기를 당부하신다. 책을 사랑하는 교수님의 말씀에 철학이 녹아있음을 느낀다.

여유를 잃어버린 나를 제자리로 돌려놓는다. 봄이면 센터 앞 흐드러지게 핀 벚꽃을 바라보며 소녀처럼 팔짝거리기도 하고, 가을이면 바스락거리는 낙엽을 밟으며 나무가 주는 감사함을 온 몸으로 느끼기도 한다.

나를 돕는 일이 남을 돕는 일이라는 것을 깨달았다. 삶은 사랑이다. 나를 사랑하며 생기는 효과는 엄청났다. 자식에게 온전한 사랑을 줄 수 있었고, 가족들을 있는 그대로 인정하기 시작했다. 갈등이 줄고 수용하는 횟수, 사랑의 표현이 많아졌다.

마음이 평화로우니 다른 사람을 돕는 일에 관심이 간다. 내가 할 수 있는 만큼의 도움을 주고 싶다. 거창하게 티 내지 않고 딱 내가 할 수 있는 만큼의 선행. 이런 작은 일이 하나둘 모이면 작은 모래성이 산을 이룰 수도 있지 않을까.

망치 덕분에 바깥세상으로 나온 호두는 어딘가에 귀하게 쓰일 준비를 하고 있다.

  보후밀 흐라발의 『너무 시끄러운 고독』에서 글 한 줄 읽지 않고 책을 혐오하기까지 한 만차의 전 애인 한탸의 삶이 만족스러운 것을 보며 또다시 삶에 대해 생각해 보게 된다. 책 속에 매몰되며 '책이 전부다.'는 생각은 하지 않는다.
  '적당히'라는 말이 게으름이나 타협이 아니라 '나에게 잘 맞는', '내 방식대로'라는 말로 해석한다. 비로소 나로 살아간다는 의미를 깨닫는다.

6
잘 싸우고, 잘 살아내고
― 정수영

책장을 정리하다가 오래된 일기장들을 발견했다. 학창시절에서부터 신혼 시절까지 쓴 짧지 않은 나의 역사가 반갑다. 일기장을 연도순으로 정리를 하고 먼 과거부터 쭉 읽어 내려간다.

이상하게도 고교 시절 이후부터는 글의 패턴이 비슷하다. 하루를 돌아보며 반성하고, 자책하며 좀 더 나은 사람이 되어야겠다는 다짐으로, 변화 없는 반성문의 연속, 그런 일기에 염증을 느껴 한동안 쓰기를 멈추었던 기억이 났다.

관계에서 벌어진 갈등이나 다툼에서도 비슷한 감정 패턴을 발견했다. 서로를 주장하며 논쟁을 벌인다. 조율이 되는가 싶다가도 비슷한 양상으로 딱 그 지점에서 반복된다.

 매일 10분 늦은, 습관이 된 출근길, 서둘러 출발한 운전 길에 가속이 붙은 자동차가 방지 턱을 만난다. 항상 오가는 그 지점, 어김없이 또 한발 늦었음을 의식하며 급브레이크를 밟는다. 마음의 준비와 동시에 미간에 힘을 주며, '덜커덩' 거칠게 통과한다.

 매번 시비가 가려지지 않는 싸움도 꼭 이 같은 패턴으로 반복된다.

 '왜 그럴까?'
 '무엇이 문제일까?'
 풀리지 않는 의문을 안고 지내 왔다.

 심리를 다룬 책을 찾아 읽으며 나를 연구한다. 의문스러워해 오던 나의 심리를 분석한다. 책을 읽으며 문제의 원인을 깨닫는다. 그때 느끼는 울림은 이루 말할 수 없다.
 관계에서 생긴 문제들의 인과가 보이고, 해결을 위한 행동 방향이 그려질 때의 감흥이란!
 '그래서 그런 것이구나!'
 감탄을 자아낸다. 그 여운이 길다.

나이를 먹어 성인이 되고, 사회인이 되고, 결혼을 하고, 부모가 되었다. 자리가 사람을 만든다고 했지만, 과거 일기장 속의 나와 그리 다르지 않다. 나이와 내면의 성숙은 반드시 비례하는 것이 아님을 내가 증명했다.

여전히 부정적 삶의 패턴이 반복되고 있음을 인식하지 못했다. 상대방의 허점과 오류에만 혈안이 되어 비방하는 내 모습이 보였다. 문제 본질을 벗어나 이기기 위한, 감정싸움을 하는 내 모습이라니……. 나이를 헛먹은 내 모습이 부끄럽다. 사람은 자신이 알고 경험한 범위 안에서 생각하고 행동한다. '아는 만큼 보인다.'라는 말은 그래서 무섭다. 반목된 관계에서는 더욱 내가 보고 싶은 것만 보고, 듣고 싶은 것만 듣게 된다. 그렇게 서로를 더 밀어낸다.

그제야 내가 보인다. '자기 인식'의 눈을 떴다. 변화는 자신을 인식함으로써 시작된다. 모든 문제 해결은 내 안에서 구해야 했다. 독서로 인한 가장 큰 깨달음이다.

그래서 '아는 만큼 보인다'고 했던가? 나를 알고 나니 겸손해졌다. 마음에 성찰의 싹이 트기 시작했다. 결실의 가을에 지금 나는 설익은 풋과일임을 기꺼이 인정하고, 받아들이니 변화의 싹도 돋기 시작한다. 좀 더 나은 내가 되고 싶다. 단단하고 속살이 부드러운, 달콤한 향을 지닌 나로, 제대로 익고 싶은 욕망이 솟구친다.

독서는 내 존재 가치를 믿어 볼 용기를 주었다. '나를 믿는다는 것'은 의외로 힘이 세다. 저 밑바닥에 감춰진 치부도 기꺼이 직면할 수 있는 배포가 생기게 되었다. 더욱 진실해진 나와 대면할 수 있을 때 변화는 시작된다. 스멀스멀 사랑이 스며든다. 이제야 비로소, 제대로 나를 사랑하기 시작한 것이다.

반성과 자책만을 일기로 쓰던 나와는 손절한다. 실패하더라도 '시도하는 나'를 기록할 것이다. 실패한 경험이 많은 나를 더 사랑해 주리라. 사건의 현상과 사실을 분별할 줄 알 것이며, 확대 해석하거나 왜곡시키지 않도록 경계할 것이다. 삶의 본질에 집중할 것이다. 때론 조금 손해 보더라도 갈등을 조율해 낼 수 있는 성숙한 '나', 내가 사랑할 수밖에 없는 '나'였으면 한다.

모든 것이 내 안으로 향하고 있다. 부끄럽지만, 이제야 비로소 내 삶의 주인이 되었다. 독서로 기분 좋은 변화가 시작되었다. 매 순간이 내 선택의 연속, 그것으로 삶이 채워진다. 결국, 나의 태도가 삶의 방향을 결정함을 독서가 일깨워 주었다. 삶의 주체성을 독서가 바로 세워주었다.

지행합일(知行合一)은 쉽지 않다. 아는 것을 실천하는 내가 되기 위해서는 많은 노력과 인내가 필요하다. 싸워도 잘 싸우려 한다. 적을 알고 나를 알면, 백전백승이라 했던가? 나를 알고 나를 알아, 나와의 싸움에서 이기고 싶다. 나와 더 잘 싸워 내고 싶다. 싸움의 기술이 늘고 있다.

건강한 나와의 관계가 나를 사랑할 수 있게 한다. 그래야 타인과의 관계에서도 사랑이 스밀 것이다. 그런 의미에서 삶이란, 나를 수련하고 완성해 가는 자기 성찰의 과정임을 다시 한번 새겨 본다.

제3장

같이의 가치

1. 죽음에서 탄생까지–박혜정
2. 책을 통해 같은 기억을 가진 우리–강주혜
3. Hayya Hayya – 함께여서 더 좋다–김선황
4. 딜레땅뜨에 대한 추억–빈경애
5. 상담사, 인문학에 빠지다–윤정애
6. 나를 내던질 수 있는 용기–정수영

1
죽음에서 탄생까지

― 박혜정

"좋아하는 일을 하세요. 하고 싶은 일을 하면 생계를 위해 마지못해서 하던 일보다 열 배, 아니 그 이상의 일을 하게 됩니다. 무엇보다 하고 싶지 않은 일을 하면 몸이 아파요. 좋아하는 일을 하면 건강해져요."

교수님께서는 고민할 여지가 없다는 듯 가볍게 답을 주곤 자리를 떠나셨다. 대학원을 다니다 교수님과 처음 가진 회식 자리. 버릇처럼 고개를 끄덕이고 손뼉을 쳤다.

'성공하신 분이라 그런가? 퇴임을 앞둔 교수님은 답도 쉽네.'

교수라는 명예로운 자리에서 30여 년의 시간을 보내고, 후배

이자 제자들인 우리에게 남긴 한 마디, 공자나 맹자 말씀같이 고리타분하고 뻔한 이야기. 나도 내 딸도 할 수 있을 것 같은 흔한 말이었다. 고루한 이야기라는 생각과 동시에 성적표가 떠올랐다. 리액션이 미칠 학점을 떠올리며 열혈 박수를 보냈다.

시작만 하면 끝이 온다더니 어느새 2년이 흘렀다. 수업 후 모임이 많기로 유명한 경영학과도 코로나를 피할 순 없었다. 오랜만에 가진 회식 자리. 교수님의 바쁜 일정으로 금세 가셔야 한단다. 빠르게 돌아가는 술잔, 피할 수 없는 건배 제의. 말도 안 되는 소리를 당당히 지르고 자리에 앉았다. 주섬주섬 짐을 챙기는 교수님께 요청했다.

"가시기 전에 한 말씀 부탁드립니다."

와우, 녹음기인가? 교수님은 이전 술자리에서 했던 이야기를 다시 하고선 미련 없이 자리를 떴다.

"하고 싶은 일을 하세요."

같은 말 다른 느낌. 누구나 할 수 있을 것 같은 뻔한 이야기가 이날만큼은 나를 위해 해주는 진심의 말 같았다.

'그래. 하고 싶은 일을 해야지. 좋아하는 일을 해야 하고말고.'

매일 아침 5시, 줌으로 온라인 도서관을 운영한다. 새벽 기상을 하고 싶은데 잘되지 않는다며 대면으로, 카톡으로, 각종 SNS로 방법을 물어왔다. 처음엔 한두 명이었기에 댓글을 달았는데, 비슷한 질문이 그치지 않았다. 하고 싶은데 잘 안 되는 사람들, 불과 얼마 전의 내 모습이다. 집에서는 졸음을 이기지 못해 새벽녘 놀이터와 편의점을 전전했다.

따뜻한 편의점 커피를 몇 모금 마시니, 얼었던 몸이 녹으며 콧물이 흘렀다. 훌쩍. 얼른 휴지를 꺼내 닦았을 뿐인데, 내 앞으로 밀고 들어오는 캔 커피 하나. 한 마디를 남기며 그는 편의점을 홀연히 떠났다.

"이런 곳에서 울지 마세요."

매번 실패만 하는 내 모습이 싫어서, 한 번쯤은 나를 이겨보고 싶어서 새벽녘 빛이 있는 곳이면 어디든 헤매고 다녔다. 그때는 당연하다 생각했는데 돌이켜 생각하니 새벽 기상 한번 해보겠다고 별짓을 다 한듯하다. 그렇게 발악을 하며 지켜온 새벽 기상이었기에 블로그에 남겨진 질문들을 모른 체할 수 없었다. 몇 년 전의 내 모습을 떠올랐기 때문이다. 천 일이 넘어도 여전히 버거운 새벽 기상. 나를 다그치는 사람이 있었으면 좋겠다 싶었다. 함께하면 나에게도 도움이 될 것 같았다.

'같이 해보지 뭐.'

단순한 응원이 아닌 당장 실천할 수 있는 방법이 필요하다 생각했다. 직접적인 도움이 될 방법을 고민하다 모닝콜을 해주고 새벽마다 온라인으로 만나는 줌 도서관과 독서 모임의 결합 형태인 '아레테'를 만들었다.

매일 여는 줌 도서관 외에도 온·오프라인 독서 모임을 한 달 20회 이상 주최한다. 나만의 방법에 매몰될까 싶어 월 1~2회 다른 모임도 찾는다. 진행하는 강의도 월평균 20회가 넘는다. 카톡 습관 모임과 필사 모임도 운영 중이다. 대학원도 다니고 있다. 육아와 약간의 살림은 물론이고 취미 생활은 필수이다.

책이라는 열쇠로 굳게 잠겼던 너머 세상의 문을 열게 되었고, 하나둘 열어 본 문은 매번 축제의 장이고 축복의 공간이었다. 내가 좋아 하나둘 늘리다 보니 월화수목금금금. 다른 사람의 눈에는 강행군으로 보일 수밖에. 시켜서 해야 하는 일이었다면 결코 해낼 수 없는 일정에 춤추고 있는 나. 숫자를 세지 않았다. 내가 좋아해서 시작했을 뿐이다. 다시 읽고 싶어 만든 '레알리테', 작가 파먹기가 하고 싶어 시작한 '딜레땅뜨온', 고대 그리스를 이해해야만 읽을 수 있는 책들 때문에 시작하게 된 '미네르바', 결국 '셰르파'라는 철학 모임까지. 일주일이라는 공간을 시간으로 테트리스 하듯 채우다 보니 일요일 새벽과 밤마저 함께 책을 읽고 있다. 이쯤 되니 내 건강을 걱정해주는 애정 어린 말은 평범한 인사말이 되었다.

이젠 내 하루의 일이자 놀이이자 행복이 되어버린 함께 읽기. 같은 책 다른 생각으로 전쟁터의 날 선 피아가 되기도 하고, 같은 생각으로 서로를 이해하는 동지가 되기도 하며, 상상치 못한 생각으로 머리를 깨는 헤파이스토스가 되어주기도 하는 사람들. 머리에서 아테나가 태어난다면 이런 느낌일까? 아테나를 깨우긴 했으나 아직 아기이다. 기고 넘어지기를 반복해서 일으켜 세워야 한다. 또다시 독서. 책을 읽을수록, 사람을 만날수록 내 부족한 부분만 더 커진다. 하나를 배웠는데 열 개의 공간을 발견하곤 하니 또다시 책으로 회귀할 수밖에.

소리 내 읽어보기도 하고, 밑줄을 긋고 색연필로 체크도 해본다. 인덱스도 붙여보고 필사도 하고 내 생각도 끄적이며 나름의 준비를 했다고 생각했는데, 독서 모임에만 가면 경주마와 같은 내 좁은 시야를 확인하게 된다.

참여한 사람의 수만큼 새로운 생각을 만나게 된다. 그 생각들이 씨줄과 날줄이 되어 또 다른 사상을 만들어 낸다. 그들의 사고와 말은 거울이 된다. 책을 읽으며 자각했던 나와는 또 다른 나를 흔들어 깨우는 시간. 사람은 생물학적으로 단 한 번 태어나고 죽는다지만 독서 모임은 나를 여러 번 태어나고 죽게 한다. 탄생과 죽음의 반복, 공상 과학영화에서 가능할 듯하지만, 함께 읽는 책 세상을 마주하는 순간 죽음 없이 다시 태어난다는 것이 그리 신비로운 이야기가 아님을 누구나 경험하게 된다.

이제까지 나를 완전히 사로잡던 일이 갑자기 시시하게 느껴지기도 하고, 어제 아무렇지도 않게 보이던 세상이 오늘은 환희에 찬 세상으로 보이기도 한다. 달라진 것 없는 내가 다른 사람이 된 것이다. 세포 배열을 바꾸지도 않았음에도 앎과 깨달음으로 나는 다시 태어난다.

죽음에서 탄생까지 단 두 시간. 내 어찌 함께 읽지 않을 수 있으랴.

2
책을 통해 같은 기억을 가진 우리

— 강주혜

"이 그림 보니 무슨 생각이 들어? 어떤 느낌이야?"
 책을 읽으며 생각나는 이미지를 그림으로 그려 남편에게 보여 준다. 남편은 눈에 보이는 이미지를 이야기하며 그림 속 이미지들을 연결하려 하나 잘 안 되는 표정을 짓는다.
 "뭔가 의미가 담긴 그림일 것 같아서 어려워."
 '이 그림이 뭐냐하면……'으로 시작한 나의 말은 꼬리에 꼬리를 물고 이어진다. 그림 속 등장인물만 설명하려 했으나, 인물의 성격을 이해시키자니 그 인물의 히스토리를 말하지 않을 수 없기에 이야기는 엿가락 늘어나듯이 계속 늘어날 수밖에 없다.
 "저기, 그림 이야기, 토지 방 사람들하고 하면 안 되겠나?"

아무렴 그래야지, 토지 읽기 단체카톡방에 그림을 올려야지. 그곳엔 그림을 올린 뒤 설명을 따로 할 필요가 없다. 대부분 그림의 주인공이 누구인지 짐작을 하고 왜 이런 그림이 나왔는지 공감한다. 그림에 대한 응원과 지지를 이모티콘이나 긴 글로 해주는 친절한 책 동무들이 있는 놀이터다.

딱히 할 게 없으니 대학이라도 가야 하지 않겠느냐란 생각에 재수 학원에 다닐 때다. 토요일 오후 몇 남지 않은 아이들이 공부를 하는 둥 마는 둥 할 때였다. 한 친구가 창밖으로 손을 뻗더니 (3층이었다) 플라타너스 나뭇잎 한 장을 떼어 입 앞에 대고 묘한 웃음을 지었다. 그 모습을 보고 몇 명의 아이들이 배시시 미소를 짓더니 자기들끼리 눈빛이 부딪치자 박장대소를 했다. 우리는 재들이 왜 저러나 갸우뚱거리며 쳐다보았다.

단지 플라타너스 나뭇잎 한 장을 입 앞에 대고 웃었을 뿐인데 무엇이 저 아이들을 저토록 웃게 만드는 걸까?

'우리도 이제 당당하게 볼 수 있어!'라는 생각으로 영화관 앞에 갔으나, 쑥스러워 쭈뼛거리며 들어갔다고 고백하는 친구의 말에 배를 잡고 웃었던 기억이 난다. 영화 〈뽕〉을 본 친구들은 플라타너스 나뭇잎만 봐도 웃음을 참지 못했다. 대체, 〈뽕〉을 봤는데 왜 플라타너스 나뭇잎에 웃는지 알다가도 모를 일이다. 난 아직도 〈뽕〉을 못 봤으니.

평소 눈인사 정도만 하는 직장 동료가 들고 있는 책이 『참을 수 없는 존재의 가벼움』이라는 이유만으로 말이 걸고 싶어지던 이상한 경험을 한 적이 있다. 완전히 이해하지는 못했지만 꽤 흥미진진하게 읽었던 책이라, 같이 이야기를 나누고 싶은 마음이 있었나 보다.

그룹채팅방이 유행하던 시절 〈조르바를 꿈꾸며〉라는 방 이름만 보고 모인 사람들이 서로에 대해 아무것도 모르면서 컴퓨터 자판을 두드리며 이야기를 나눌 때 일이다. 그 방에 모인 사람들은 '조르바'라는 이름만 보고 들어왔던 터라 자연스럽게 '조르바' 이야기를 하고 니코스 카잔차키스에 관해 이야기를 나누었다. 이렇게 시작한 이야기는 서로가 읽은 책을 매개로 철학과 신학, 미학, 역사 등 인문 고전의 세계를 왔다 갔다 하며 나름 진지한 대화를 나누고 있었다. 그때 새로운 사람이 채팅방에 입장했다.
"하이루~~~ 방가방가."
"……" "……" "……" "……" "……"
"왜 대답이 없지? 무슨 대화 중?"
"……" "……" "……" "……" "……"

"왜 말들을 안 해? 뭔 일이야?"

"……" "……" "……" "……" "……"

새로 들어온 사람이 혼자 북 치고 장구 치다 나가자 우린 모두 "휴~"라는 글자를 채팅창에 썼다. "들어오는 발걸음부터 가볍더라니!"라고 어떤 분이 글을 입력하자 모두 채팅창에 웃음으로 답했다.

실제로 새로운 사람이 들어왔을 때, 보이지도 들리지도 않는데 숨도 조심스럽게 쉬며 기다렸던 기억이 난다. 재밌는 건 우린 그 어떤 약속도 없이 똑같은 반응을 한 것이다. 새로운 사람이 '하이루~'라고 인사를 하고 들어오는 순간 모두 '얼음' 자세로 꼼짝도 하지 않다가 그 사람이 나가자 '휴~'라는 글을 동시에 올린 것이다. 새로운 인물의 등장과 퇴장으로 우리는 서로 꽤 잘 통하는 사이라는 사실이 명백해졌다. 약속이나 한 듯 밤마다 채팅방에 모여 이야기를 나누었다. 얼굴은 물론이고 이름도 나이도 성별도 모르지만, 꽤 친밀한 관계를 유지했었다. 깊이 있는 대화를 나누었으나 서로의 사생활이나 개인적인 질문을 하지 않았기에 지금은 그 누구와도 연락하지 않는다. 하지만 그날 그 방에 있었던 누군가는 나처럼 〈조르바를 꿈꾸며〉에서의 우리를 기억하고 있으리라 믿는다.

한 권의 같은 책에 공감하는 사람들이 모여 손으로 나눈 대화도 이렇게 재밌을진대, 수년을 같은 책을 읽고 있는 사람들과의 대화는 말해 무엇하랴.

"요즘 뭐가 제일 재밌어요?"라는 질문을 던지는 사람들이 간혹 있다. 질문에 대한 대답을 즉흥적으로 할 때도 있고, 신중하게 할 때도 있다. 중요한 건 둘 다 답이 같다는 사실이다.

"독서 토론이오!"

약속의 최우선 순위는 독서 모임이다. 독서 모임은 어쩌다 기분 내킬 때 하는 것이 아니다. 매주 같은 시간에 하기에 학교 시간표처럼 고정되어 있다. 그 어떤 약속도 그 시간을 침범하지는 못한다. 어쩔 수 없이 맡은 바 역할을 수행해야 하는 날은 정말 울음을 삼키며 빠진다. 나는 나이기도 하지만, 한 아이의 엄마이고, 한 남자의 아내인 동시에 세트 메뉴처럼 며느리이기도 하니까.

현재 참여하고 있는 독서 모임은 제일 짧은 것이 1년 6개월 정도이고 긴 것은 5년이 넘는 모임도 있다. 몇 년 동안 같은 모임에서 같은 책을 읽었기에 누군가 단어 하나만 던져도 이야기가 끝이 없다. 농담도 책을 통해 나오고, 반성도 책을 통해 나온다.

영화 한 편을 같이 봤기에 나뭇잎 한 장으로 눈빛을 교환하며 웃고, 동료의 손에 들려진 책 한 권으로 알 수 없는 친밀감을 느끼는 것이 '함께'가 가지는 힘이리라.

 설명하지 않아도 다 아는 사이는 얼마나 편한 사이인가!
 그림 한 장에 같은 감동으로 술렁일 수 있는 사이는 얼마나 귀한 사이인가!
 책을 통해 같은 기억을 가진 우리는 또 얼마나 천진한가!
 나에게 독서 모임은 그런 곳이고 그 중심에 나의 딜레땅뜨가 있다.
 이러니 계속 책을 읽을 수밖에!

3
Hayya Hayya-함께여서 더 좋다

-김선황

2022 카타르 월드컵에는 '최초'라는 수식어가 붙는 게 많았다. 월드컵 개최 역사상 '최초'로 중동 아랍 지역에서 열렸다. 중동의 여름 날씨는 40~50℃에 이르고, 주변에 바다가 있어 습도가 높다. 이런 기후의 영향으로 월드컵 '최초'로 겨울에 열린 것이다. 월드컵 주제가의 제목은 'Hayya Hayya'인데, 영어로 하면 'Better Together'이다. 올림픽처럼 월드컵도 세계인의 축제이니 '함께여서 더 좋다.'로 해석하면 무난할 듯하다. 피부색도 언어도 거주 환경도 제각각인 세계인들이 '축구공'을 매개로 '축구 언어'를 구사해 소통하는 자체가 축제이다.

책에도 책만의 고유한 언어들이 있다. 그 언어들은 그 책을 펼 수 있는 용기와 여유를 지닌 자들에게 보인다. 가까운 곳에 책이 있어도 시간적 여유가 있어도 책을 펼치지 않으면, 그 언어들은 죽을 때까지 나와는 상관없게 된다. 하지만 일단 그 언어들의 맛을 보고 그 맛을 알아버리면 활자 중독에 빠질 수 있다. 시공간을 넘나들다 보면 다음 날 일정은 머릿속에서 사라져 버리는 마법을 경험할 수도 있다. 혼자서 알게 된 맛이 아까워 주변인들에게 맛보기를 권해 보지만, 호불호가 강하다 보니 쉽게 먹히지 않는다.

그런데 종종 신기한 일이 일어난다. 친수성 물질들이 강한 끌림에 이끌려 주변에 자기와 같은 친수성 물질들을 흡수해 덩치를 불려 나가는 것처럼 책 맛을 아는 이들이 같은 부류의 사람들과 한 명 한 명 뭉치기 시작한다. 적극적으로 찾아다니는 이들도 있고 소극적으로 응하는 이들도 있지만, 시간이 지나면서 크고 작은 집단을 형성한다. 물론 책 맛을 계속 맛보고 싶은 사람들끼리 말이다. 내가 그렇다. 나를 끌어당기는 부름에, 그 방향으로 소.심.하.게. 한 발짝 떼었다. 지인에게 예사로 한 질문이 그 시발점이 되었다.

"어느 모임에서 책을 읽으세요?"

질문에 대한 답이 모임으로 연결되고, 딱 일 년이 되었다. '딜레탕트'는 프랑스어로, '예술이나 학문 따위를 직업으로 하는 것이 아니고 취미 삼아 하는 사람'을 이르는 말이다. 오픈 사전에는 '취미로 예술을 즐기는 한량'이라고 나와 있다. '딜레땅뜨' 독서 모임은 '한량'이라고 하기엔 책 읽는 수준이 만만치 않다.

시국이 시국인지라 온라인 독서 모임이 여기저기 생기면서 나도 모임에 가입했는데, 온라인 모임보다 대면 독서 모임에 더 참여하고 싶었다. 스쳐 지나가듯 동료 선생님이 참여하는 독서 모임에 대해 물어보다 '딜레땅뜨'를 알게 된 것이다.

그러고도 한참 내적 고민을 계속했다. 리더님의 블로그에서 도서 목록들을 봤는데, 내가 읽고 싶은 책들이 많았다. 머리로는 가야 한다는 대전제가 세워졌는데, 가슴에서는 수백 가지의 소전제들이 소소한 항쟁 중이었다. 시작이 힘든 내 자아가 용기를 내기까지는 두 달 정도의 시간이 더 필요했다.

드디어 첫 모임, 눈에 보이지 않는 레드카펫 깔고 기다린다는 리더님의 정다운 톡이 나의 든든한 배수진이 되었다. 쭈빗쭈빗 모임방에 들어서는데, 모둠 분들이 과하지 않게 맞아주어 무난하게 착석했다. 독서 모임은 모임별로 고유의 분위기가 있기에 처음에는 어떻게 운영되고 있는지 약간은 관망하는 자세로 참여했다. 도서 내용 위주로 각자의 체험을 녹여내는 모습들은 여느 독서 모임과 별반 다르지 않았다.

모임의 성공 여부를 가늠하는 것은 내적 친밀감을 느끼게 하는 분위기나 모둠원끼리의 자유롭고 배려가 담긴 언행이라 생각한다. 어느 정도까지 나를 개방할 수 있을까 수위를 조절하는 단계를 결정하는 기준이 되는 것이다. '딜레땅뜨'는 처음부터 형식도 내용도 자유로웠기에 내 빗장이 단계를 거치는 일 없이 바로 풀려버렸다. 다양한 직업과 성향을 가진 분들이 모여 있는데, 그다지 이질감이 없었다. 아마도 '책'이라는 강력한 매개체가 있었고, 그 속에서 찾아내는 언어들이 우리를 서로 공감하고 소통하게 만들었기 때문일 것이다.

'딜레땅뜨' 독서 모임에 와서 가장 놀랐던 것은 대부분 작가님이시거나 작가 수업을 받고 있었던 분들이라는 거였다. 언젠가는 나도 책을 내고 싶다고 막연히 생각했었는데 이 모임에서는 처음부터 작가 무리에 둘러싸인 상황이었다. 이런. 대략 난감한 상황이었다. 한편으로는 슬며시 희미한 기대가 자라기 시작했다.

삶을 바꾸는 데는 세 가지 방법이 있다고 한다. 사는 곳, 하는 일, 만나는 사람을 바꾸는 것. 나는 만나는 사람을 추가함으로써 삶의 카테고리를 조금 넓히고 있다.

'노는 물이 늘어나다!'

작가님들 사이에서 책 읽으며 놀다 보면 뭐든 배우겠다는 생각이 들었다. 축구 응원 열기가 뜨겁다. 경기에 이기면 기쁘겠지만 지더라도 함께여서 축구선수들도 팬들도 신날 것이다.

최초 '딜레땅뜨' 공저 작업에 함께 하는 작가님들을 응원한다. 축구공을 매개로 전 세계가 하나 되듯, 책을 매개로 좋은 삶을 쌓아가는 '우리 딜땅'이 되기를 바라본다. '최초 공저' 작업이 매년 축적되어 그 결과로 공저 책더미가 만들어지길 기원한다.

4
딜레땅뜨에 대한 추억
－빈경애

    그동안 함께해온 책들에 대한 기억의 중심엔 독서 모임이 있다. 교보문고에서 있었던 '딜레땅뜨' 독서 모임에 『괴테와의 대화』로 처음 참석했던 때가 생생하다. 첫 모임 후 코로나로 인해 다음 모임이 없는 줄 알고 한동안 참석하지 않았는데 계속 이어나가고 있었다는 것을 알았을 때의 아쉬움도 그대로 남아있다.

    밴드에 남아있는 도서 목록들을 보면 재미있게 술술 읽혔던 책, 내 취향이 아니어서 인내심을 발휘해야 했던 책, 너무 어려워 끙끙대며 읽었던 책들에 대한 추억이 묻어난다. '딜레땅뜨'호에 책을 하나하나 실으며 함께 항해한 사람들과의 시간이 어느새

3년이 되어간다. 나는 지나가는 배에 올라탔고, 이제는 제법 딜 레땅뜨호의 선원다워지고 있다. 큰 파도에 적응하며 근육이 단련되듯, 높아지는 책 수준에 대한 저항도 줄어간다. 조금씩 흥미도 더해지는 중이다.

가장 큰 파도는 단테의 『신곡』이었다. 지옥 편에서 연옥 편을 지나 천국 편으로 가는 길은 많이 험난했다. 지옥 편은 치열한 삶의 현장 같았고, 연옥 편은 좀 덜 고단한 삶이라면, 천국은 지루하기 짝이 없는 곳이었다. 천국의 기쁨을 맛보기 위해 지금 지옥에서 열심히 연마 중이다. 내년엔 재독을 기약해 본다.

신선한 바람을 몰고 온 책은 월터 아이작슨의 『레오나르도다빈치』이다. 읽으면서는 니체가 말하는 위버맨쉬에 가장 가까운 사람이 아닌가 싶기도 하다. 한 사람이 이렇게 풍부한 인생을 살 수 있나!

어느 순간 휙 불어오는 돌풍 같은 책도 있다. 테드 창의 『당신 인생의 이야기』, 『숨』은 물리학을 기반으로 한 과학소설로 현실과 연결 지어 생각해 볼 만한 것들이 많았다. 두고두고 생각나게 만드는 책이다. 과거 기억이 서로 다를 때, 모든 시간을 저장할 수 있는 기억장치가 있어 비디오를 돌려보며 누가 맞는지 알아보는 장면이 있다. 상대방이 자기 기억이 맞는다고 우길 때면 답답해 미칠 것 같은 때가 있다. 그런 기계가 있다면 정말 더 좋을까? 모든 게 깨끗하고 투명한 흠 없는 삶보다는 불완전하고 엉성하기 그지없는 이 삶이 더 낫겠다는 생각을 해보지만 알 수 없다.

바람 한 점 없이 답답했던 책은 내 취향에 맞지 않아 겨우 따라 읽은 다윈의 『종의 기원』이다. 그런대로 재미있는 부분도 있었지만 대체로 읽어내기 힘든 책이었다. 같이 읽는 사람들은 내가 별로인 이런 분야의 책이 재미있다고 한다. 사람들의 이야기를 듣다 보면 조금씩 관심이 생기기도 한다. 책 내용은 재미없었지만, 그 내용을 나누는 시간은 또 다르게 재미가 있었다. 독서 토론의 묘미다.

헤르만 헤세의 작품들은 '이렇게 성장하는 삶을 살아야 하는 거야'라며 깊은 감동을 주지만, 막상 현실에서 그렇게 살아지지 않는 것을 느낄 때마다 나를 슬프게 했다. 그러면서 동시에 내가 가야 할 방향을 알려주는 책이다.

독서 모임이 아니었다면 읽지 않았을 『돈키호테』를 생각하면 작가의 재치에 키득키득 웃음이 난다. 돈키호테와 산초의 대화는 재미있으면서도 의미심장한 말이 많다. 정신이상인 돈키호테가 꿈꾸는 꿈과 그 꿈을 이루기 위해 그가 겪어내는 고통은 웃음을 자아내지만 웃음 뒤에 긴 여운이 남는다. 작가의 글을 따라가다 보면 어느새 힘들이지 않고 큰 산을 하나 넘은 기분이다.

니체의 책을 읽는 데 도움을 준 수프리도의 『니체의 삶』, 배경지식이 많으면 더 재미있게 읽을 수 있는 허먼 멜빌의 『모비 딕』, 얇다고 만만하게 봤다가 생각 외로 잘 읽히지 않았던 셰익스피어의 책, 과학을 인문학적으로 풀어낸 칼 세이건의 『코스모스』, 신화를 읽고 읽으면 더 재미있는 베르길리우스의 『아이네이스』, 신경학자 올리브 색스가 신경 장애 환자들의 삶을 장애인이 아닌 한 인간으로 그려낸 『아내를 모자로 착각한 남자』, 괴테와 그의 모든 책을 궁금하게 만들었던 『괴테와의 대화』, 어렵게만 느껴져 진입하기 어려울 것 같지만 읽어보면 대박인 쇼펜하우어의 『쇼펜하우어의 행복론과 인생론』, 그리스 비극과 같이 읽으면 더 시너지 효과가 나는 『아리스토파네스의 희극전집』 등 모두 가슴속에 남는 책들이다.

그동안의 시간이 한 편의 영화처럼 지나간다. 교보문고를 갈 때면 처음 독서 모임에 갔던 기억이 겹쳐지고, 칼 세이건의 『코스모스』의 책을 볼 때는 기존 멤버였으나 여행으로 장시간 참석하지 못했다가 다시 합류한 선생님을 처음 봤을 때의 낯섦이 떠오른다. 『종의 기원』은 다른 일정으로 앞부분을 독서 모임에 참석하지 못해 아쉬움이 묻어있는 책이다. 이처럼 독서 모임의 책들은 그 내용과 함께 추억이라는 한 장이 더 추가된 특별판이다.

이아손은 아르고호에 많은 영웅을 태우고 자신의 황금 양털을 구하러 떠났다. 하지만 우리를 딜레땅뜨호에 초대해 각자의 황금 양털을 찾도록 모험을 이끄는 리더, 그리고 함께하는 작은 영웅들에게 감사를 전하고 싶다.

브라보!
우리의 캡틴!
우리의 작은 영웅들!
끝없는 항해를 위하여!

5
상담사, 인문학에 빠지다

– 윤정애

온몸이 굳어진다. 무표정이다. 사실은 무표정보다 더 굳은 표정이라 해야 맞다. 말을 하지 않으면 화가 난 것 같다는 말을 자주 듣는다. 말하기보다 듣기가 편하다. 낯가림을 많이 하는 내가 처음 만나는 사람들과 있을 때 보이는 모습이다. 이런 나를 바꿔놓은 건 인문학 독서 모임이다.

"목소리가 예쁘시네요."

태어나 처음 듣는다. 내 목소리가 듣기 좋은 목소리라는 걸 알게 되었다. 친구나 동료 중 누구도 해주지 않은 말이다.

"이렇게 말을 잘하시는 분이었어요?"

말을 잘한다고? 그 또한 처음 듣는다. 신뢰 가는 목소리와 조리 있는 말? 내게 어울리는 말이 아니라 생각했다.

이 사람들은 내가 뭐든 이야기해도 완벽하게 이해한다. 나는 압도적인 안도감을 느꼈다. 아무에게도 말하지 않았던 나의 깊고 어두운 비밀을 이해받은 것 같았다.
― 주디스 허먼의 트라우마 중에서

독서 모임에서 집단상담을 경험했다. 어디에서도 말하지 않았던 이야기를 했고 그들은 나를 이해해주었다. 이해받기 위해 내뱉은 말이 아니었지만 이해받고 수용 받으며 생각지도 못한 치유가 일어나기 시작했다. 나의 과거, 현재를 전혀 알지 못하는 그들에게 자연스럽게 나를 개방한 것도 신기하고, 거기에서 시작한 나에 대한 탐색은 값진 것이었다. 그들이 상담자도 아닌데 심리상담을 하며 일어나는 일을 경험했다. 공감력이 뛰어난 사람들이다.

『공감은 지능이다』의 작가 자밀 자키는 공감하는 사람들은 친구를 더 쉽게 사귀고, 더 큰 행복을 느끼고, 우울증에도 덜 시달린다고 했다. 문학과 예술을 통해 공감 능력을 살아나게 한다고 했던 자밀 자키의 말이 맞는 것 같다. 독서가 일상인 사람들은 공감력이 높아 그들과 있을 때 안전감이 느껴진다.

창원 인문학 독서 모임 딜레땅뜨에는 다양한 직업과 경력을 가진 사람들이 모인다. 처음 참여함에도 어색함이 없다. 책이 사람들을 이어준다. 리더를 비롯해 몇몇 멤버들은 출간 경험이 있는 작가이기도 하다. 모임에 꾸준히 참여하다 보면 읽기와 더불어 쓰기도 자연스럽게 병행하게 된다. 읽고 쓰는 삶이 일상이 되도록 하는 마법을 가진 모임이다.

딜레땅뜨 참여 경험으로 내가 이끄는 독서 모임을 만들었다. 전국 상담사들의 온라인 독서 모임이다. 소진이 많은 상담사에게 마음을 푸는 공간, 동료 슈퍼비전 시간으로 사용되기도 하고 책으로 소통하며 심리학적 지식을 나누기도 한다. 늘 들어주기만 하는 상담자들이 자신의 이야기를 경청하고 공감하는 동료들을 보며 격려와 지지를 얻는다. 온라인상으로만 만나지만 책이 이어준 관계는 몇 해를 알고 지낸 사이처럼 가깝다.

작가의 생각과 표현을 대신하여 나를 표현할 수 있는 것도 매력이다. 구본형 작가를 좋아한다. 『마흔 세 살에 다시 시작하다』를 읽으며 내 마음을 표현하고 싶었던 문장을 발견했다.

나는 다른 사람을 찾아다니는 종류의 인간이 아니다. 나에게는 발이 없다. 나는 한 곳에 서 있다. 나는 나무와 같다. 스스로의 그늘을 만들고 열매를 키워 사람들이 나를 발견하고 찾아오게 하는 것이 훨씬 나다운 일이라는 것을 알게 되었다. 나는 나무를 통해 자연 속에서 하나의 자연이 된, 나에 대한 가장 유사한 상징성을 찾아낼 수 있었다.

—구본형의 '마흔세 살에 다시 시작하다' 중에서

앎에 대한 배고픔이 있는 내게 천천히 조금씩 알려주는 그들의 지혜와 가르침이 마음에 들었다. 한 번 읽는다고 알지 못한다. 독서 모임 멤버들과 나누면서 책을 보는 공통점, 차이점을 느끼며 때론 가볍게, 때론 무겁게 다가오는 지적 자극이 좋다.

인문학에서 철학으로 심리학으로 넘나드는 연결고리가 좋다. 상담사라서 심리학에 관심이 많지만, 심리학이 철학과 밀접한 관련이 있다는 걸 알게 되면서 인문학이 더 좋아졌다.

배워야 할 것이 넘치는 상담사다. 인문학 도서를 읽는 상담사. 엉뚱하다 싶다. 읽어야 할 전문서가 겹겹이 쌓인 책장에서 오늘도 '니체'를 빼 든다. 헤르만 헤세와 헤밍웨이가 들어온다. 상담실에서 느끼는 삶의 희로애락 오욕칠정이 인문학 도서 안에 있다. 그 안에서 배우고 성장한다. 나의 성장이 상담실 안에서 도움이 되고 더 많은 내담자에게 좋은 영향으로 미칠 수 있길 희망한다.

가르치는 일을 했었다. 능력 있고 인기 있는 선생, 경험 많은 선생으로 20년을 살다 더 필요한 사람이 되기 위해 상담사가 되었다. 두 번째 직업을 시작한 지 10년. 처음엔 초보 상담자인 내 모습이 초라하게 느껴졌다. 오랫동안 상담자의 길을 걷고 전문가의 위치에 우뚝 서 있는 사람들을 보면 부러웠다. 부족함을 채우기 위해 연수나 수련에 많은 시간과 비용을 투자했지만, 근본적인 불만족은 해소되지 않았다. 마음 챙김과 명상을 해도 2% 부족한 느낌.

인문학 독서 모임은 빵빵하게 채워진 풍선이 보이지 않는 구멍으로 새어 나간 공기를 주입하는 역할을 한다. 느슨해진 풍선에 생명을 넣듯 나를 완전히 채우는 시간이 된다. 내 속도대로 뚜벅뚜벅 걷는 나에게 만족하기 시작한다. 이끌림으로 선택한 두 번째 직업, 책과 함께 하는 일상. 어디서든 배움이 있는 삶이 좋다.

6
나를 내던질 수 있는 용기
-정수영

수많은 자기 계발 관련 책이나 강연이 주는 한결같은 메시지가 있다.

"가슴 뛰는 일을 하라."
"즐거운 일을 하라."

취업을 준비하는 2~30대도 아니고, 이미 직업인으로 살아온 지 오래인 나는 어쩌란 말이지? 지금의 일을 때려치우란 말이야? 내 심장은 오늘도 멈추지 않고 뛰고 있건만 제대로 된 심장이 아닌가 보다. 인공 심박동기라도 달면 가슴 뛰는 일로 즐거워지려나? 이런 우스갯소리로 푸념했다. 나와 그리 상관없는 말이라 치부했다.

그랬던 나에게도 가슴 뛰는 일이 생겼다. 즐거운 일이 생겼다. 독서 토론 모임을 마치고 돌아오는 길은 내 안에 내가 가득한 느낌이다. 바로 이런 느낌인 게지. 신기한 기분에 묻게 된다.

'무엇이 나를 즐거움에 빠져들게 하는가?'

한동안 그렇게 나를 관찰하고 연구했다. 희미하게나마 그 이유를 알 것 같다.

책은 끝없이 내게 질문을 던졌고, 답을 고심하게 했다. 그 생각은 독서 토론으로 나누며 확장되었다. 생각이 깊어져 사유가 되었다. 생각이 '사유'가 되었다 하는 것은 그 안에 진정성이 녹아있기 때문이다.

책을 읽는 동안 철저히 책 속에 나를 대입하려 한다. 그래 봐야 그 안에 '대입된 나'는 지금까지 '살아낸 만큼의 나'이고 만다. 살면서 경험한 것들에 기반하고 근거할 수밖에 없다. 책 속에 빠져들었다고 하지만 주인공과 작가를 온전히 이해하지는 못한다. 그 간극만큼이 나의 틈이다. 그 틈을 극복하기 위해 혼자 허우적거렸다. 틈을 메우기 위해 질문하고 답을 찾았다. 마음을 열어 배우고 깨우쳐야 함을 인식한다.

나는 배울 준비가 되었다. 틈의 간극을 겸허히 드러내기로 한다. 틈의 크기만큼, 허우적거림이 심했던 만큼, 독서 토론시간에 용기를 낸다. 나를 내던진다. 부족한 나를 깨우고, 채우기 위해 철저히 부서져 보기로 한다.

취향이 비슷한 이들, 함께 나누고 성장하고자 하는 이들에 대한 믿음이 바탕이 되어 주었고, 그 시간에 감사하다. 그랬기에 솔직한 내면의 소리로 참여한다. '남이 보는 나'를 의식하며 포장하고 싶지 않았다. 있는 그대로 내 민낯을 드러내고, 그들의 반응과 변화하는 나의 내면을 관찰한다. 서로 다른 관점에서 나오는 말에 공감되어 밀려드는 울림을 즐긴다.

때로 쉽게 드러난 내 그릇의 바닥이 민망스럽기도 했다. 그럼에도 용기 내어 부딪힌 시간이기에, 도전했기에 스스로 위대해진 시간이다. 말실수할까 두려워 아는 척, 이해하는 척하며 침묵으로 안전지대에 서기를 거부한다. 실수가 두려워 침묵하는 자가 실패자이다. 실수한 만큼 내 것이 된다. 두려움을 극복하고 도전했기에 그것만으로 그 시간은 성공이다. 나를 극복한, 이런 작은 성공이 자신감을 키운다. 자신감은 토론시간을 즐기게 한다. 즐거운 시간을 위해 더욱 성실한 책 읽기로 토론에 참여하고 싶다. 그런 열정이 내 심장을 뜨겁게 했나 보다. 비로소 가슴 뛰는 소리가 들린다.

'나를 내던진다.'라는 구실로 개인적인 이야기를 늘어놓기도 한다. 나로 인해 토론시간이 길어지기도 하고, 배가 산으로 가는 토론이 되기도 한다. 밀려드는 생각과 의문을 분출하느라 혼자서 많은 시간을 점유하기도 했다. 그럼에도 경청해 주는 그들의 모습에서 존중을 배웠다.

"들으면서 배우고, 듣는 것으로 지혜로워진다."

듣기에 취약한 내가 경청을 다시 한번 배우는 시간이다. 토론 중 말하기 대신 듣기를 선택하며 나를 개선해 나간다. 그들이 가르쳐 준 존중을 실천해보는 시간이다. 독서 토론에 참여하는 나의 태도가 조금씩 성숙해져 간다.

혼자서 해결되지 않던 의문들, 혼자서는 알아채지 못하던 부분, 토론으로 확장된 배움을 재정립한다. 좀 더 촘촘해진 잣대로 나를 들여다본다. 무엇을 받아들이고, 어떻게 적용해 볼까 고민한다. 나를 넘어서려는 몸부림이다. 새롭게 생성되고 발견되는 무엇이 내 가슴을 뜨겁게 한다.

배우려 드니 매 순간이 확장의 연속이다. 변화한 내 모습이 보인다.

같이 읽고, 함께 나눌 수 있어 가능한 일이다. 나를 드러내기로 했기에, 내던지기로 용기 내었기에 가능했다.

제4장

한량들의 착각한 책 읽기

1. 배움의 모든 시간, 삶-박혜정
2. 착각이라는 이름의 욕망-강주혜
3. 아직 늦지 않았다-김선황
4. 글자만 읽다-빈경애
5. 뽐내고 싶은 독서-윤정애
6. 삶으로 읽는 독서-정수영

1
배움의 모든 시간, 삶

– 박혜정

'자기 계발'이라는 강력한 유행에 휩쓸려 오랜 시간, 이유 없이 나를 괴롭혔다. 뚜렷한 목적도, 성취하고 싶은 목표도 없이 그저 '열심'이라는 단어에 매몰되어 나를 밀어붙였다.

책에서, 강의에서, 화면에서, 눈 돌리면 만나게 되는 세상의 주인공들. 그들의 이야기를 귀동냥하며 베꼈다. 고민할 시간에 시작해보라 하니 도전, 또 도전이다. 막무가내로 덤벼들다 보니 일상에 군더더기가 늘었다. 아무렇게나 붙였기에 우선순위도 없고, 정리도 되지 않는다. 익히고 소화할 틈도 없다. 하나를 따라 했는데, 그 이상을 하는 사람들이 보인다. 다시 그들을 좇다 보면 다른 장르에서 이름을 날리고 있는 사람들을 만난다.

행동만이 결과를 만든다고 하지 않던가? 또다시 닥치고 따라 하기. 끊임없이 흉내 내기를 하다 보니 근육은 없고 덩치만 커졌다. 더 나은 내가 되고 싶어 시작한 모방은 어느새 짐이 되어 나를 짓누른다.

시간을 쪼개 살 만큼 바빠진 하루에 만족했고, 꽉 찬 일정을 해냈다는 사실에 뿌듯했다. 찰나의 각성효과라 해야 할까? 중독된 듯 계획표에 동그라미를 그리고, 아침에 붙인 'To Do List'에 줄을 그으며 카페인을 보충했다. 그렇게 날마다 해치우듯 살아냈다.

내가 없고, 목적이 없고, 무엇보다 삶이 없기에 분주하고 바쁘지만 돌아보면 제자리걸음. 과정이 중요하다 하지만 결과 없는 과정에 몸은 무거워진다. 날마다 이끌고 전력 질주하고 나면 어느새 몸은 피로와 부정적 에너지로 가득 찬다.

"평일은 열심히 살았으니까 주말은 쉬어도 돼."

삶 없이 삶의 변화를 추구하니 에너지만 낭비된다. 주말이면 여지없이 방전이다. 몸은 충전이 필요한 전자 기기처럼, 일요일만 되면 오프 상태로 모드를 바꾼다. 비 온 뒤의 낙엽처럼 바닥과 한 몸이 되고 만다. 이런 무거운 시간이 반복되면 스스로에게 묻는다.
"무엇을 위해…… 이렇게까지 하며 살아야 하는가?"
그럴 때마다 책은 적선하듯 내 동냥질에 답을 던진다. 옛다, 정답.
'이것은 내가 원하던 삶이 아니야. 삶에는 여유가 있어야 한댔어.'
그렇게 무계획의 지난날로 회귀한다. 잠시 몸은 편안하지만 오래가지 않는다. 편안함이 게으름으로 느껴지는 순간 불안이 솟구친다. 또다시 책을 펼치고 답을 구걸한다. 익숙하다는 듯, 한심하다는 듯, 또다시 던져주는 답. 옛다, 정답.
'행하지 않고 무엇을 기대할 것인가? 생각할 시간에 행하라. 티끌이 태산을 만든다.'
얼마나 오랜 시간 쳇바퀴를 굴린 것일까? 멈추고 달리기를 반복하며 독서를 통해 성장했다고 믿었다. 앞뒤로 걷고 있는 나에게 의문을 품을 때쯤 헤세의 글을 만났다. 운명의 수레바퀴에 갇힌 나를 보게 된다.

인간은 확고하고 명료하고 완성된 것이 아니다. 변화해가는 것이다. 인간은 시도이고 예감이며 미래다. 어떠한 상황에서 현실을 숭배하거나 존경해서는 안 된다. 그것은 우리가 현실보다 강하다는 사실을 보여줄 때 비로소 달라지는 것이다.

 앞으로 한 걸음, 뒤로 두 걸음. 또다시 앞으로 두 걸음, 뒤로 한 걸음. 그렇게 같은 공간을 오가는 나를 자각하는 순간, 내 몸이 공중으로 떠오른다. 예쁜 스노 글로브에 속에 갇혀 사는 나. 부지런히 걸었으나 작은 벽을 따라 제자리로 돌아가고 있는 내가 보인다. 내가 걷는 길, 내가 사는 세상의 크기를 확인하고서야 서서히 금이 가기 시작한다. 잘 나가던 직장을 그만두며 시작했던 많은 일. 논술학원 강사, 금연·금주 예방지도사, 환경활동극 지도사, 검정고시 학습 봉사활동 등 화려한 시작을 위해 자랑하듯 펼친 대부분의 일을 그만두었다. 준비되지 않은 일을 하며 해치우듯, 때우기식의 강의 신공은 겉으로만 화려했을 뿐 내 불안의 원인이었다. 결단이 필요했다. 활짝 펼쳐 놓은 기회의 가지들을 손수 꺾었다.
 갇힌 세상을 깨 버리고 더 큰 세상으로 뛰어내릴 준비를 한다.

 책, 사람, 관계, 질문, 호기심, 생각, 사유, 공부, 놀이, 여행…….
 일상의 모든 것들이 켜켜이 쌓이며 이제야 배움의 유희를 알게 되었다. 인간은 고정될 수 없고, 변화는 삶의 속성이라는 것을 알게 되었다. 산다는 것이 배움의 모든 시간이라는 것을 알게 된 순간 패러다임의 전환이 일어난다. 사물들에 담긴 사상을 보게 되고 아이 속에 들어앉은 철학자를 발견하게 된다.

배움은 나이와 함께 찾아오는 지혜를 더욱 깊이 있게 해준다. 평생 학습의 끈을 놓지 않는다면 뇌를 활발하게 사용함으로 인지 기능을 향상시키고, 호기심과 매력을 갈고닦음으로써 인간관계까지 개선하는 효과를 기대할 수 있다고 한다. 배움은 신체적, 정신적 건강에 중요한 역할을 한다. 우리는 인생의 의미를 찾으며 심리적으로 행복해지고, 삶을 적극적으로 만들어가며 신체적으로도 튼튼해진다.

내가 보고, 듣고, 느끼는 모든 것에서 배울 수 있다. 영화·노래·교과서·책뿐만 아니라, 세상에 존재하는 모든 것이 배움의 대상이다. 살아 있다는 것, 살아간다는 것.

오늘을 산다는 것은 오늘을 배운다는 것이다. 찰나의 자각으로.

책으로 만든 수레바퀴를 또다시 책이라는 도끼를 들어 과감히 내리쳐 본다.

10분의 탁월함으로 순간순간을 배우고 마음을 다해 사는 삶, 그것이 곧 나이다.

2
착각이라는 이름의 욕망

– 강주혜

이조 왕비열전 20권을 읽은 것이 중학교 2학년 때였다. 구중궁궐의 왕비를 중심으로 펼쳐진 조선왕조 500년의 야사였다. 19금의 선을 살짝살짝 넘나드는 글이 있어 혹 빠져든 것 같다. 20권을 다 읽고 나니, 조선 시대의 흐름을 알 수 있었고, 역사 시간에 제법 아는 체를 할 수 있었다. 무엇보다 역사가 재밌어졌다. 왕비열전의 약발은 고등학교 역사까지 이어져, 시험 성적이 좋았다. 그 덕에 제일 좋아하는 과목은 역사였고, 스스로 역사를 잘 안다고 생각했다. 착각이었다.

책을 읽으며 만나는 시대를 이해하고 싶어 들춰본 책들은 내가 역사에 까막눈임을 깨닫게 했다. 역사 시험에 나오는 사건의 시대순 배열이나 대표적인 인물 몇몇을 아는 것은 역사를 아는 것이 아니었다. 역사의식의 부재는 책을 읽을수록 나를 자괴감에 빠져들게 했다. 책으로 얻은 상식이나 지식이 채워줄 수 있는 부분에는 분명 한계가 있다. 그 한계를 극복하기 위해서는 의식이 바로 서야 하고 또 나아가 행동으로 실천해야 한다는 것을, 책을 통해 알았으나 난 여전히 요지부동이다. 역사책을 읽으면 자괴감이 줄어들고, 의식이, 행동이 바뀌리라고, 책이 그것들을 해결해 줄 것으로 믿었다.

나의 독서를 되돌아보니, 온통 착각으로 점철된 듯하다.
책을 사면 읽을 것이라는 착각, 책을 읽으면 알 것이라는 착각, 알고 나면 할 수 있을 것이라는 착각, 하면 잘될 것이라는 착각. 착각도 이 정도면 병이 아닐까라는 생각을 넘어 독서 자체가 착각은 아닐까라는 의구심마저 든다.

첫 단추부터 잘못 끼웠다. 사놓고 읽지 않은 책들이 책장에서 색이 바래져 가고 있다. 대부분 두꺼운 책이다. 두꺼운 책에 대한 로망이 지적 허영심의 출발선이었나보다.
남들이 재밌다기에, 유명한 상을 받았다기에, 반드시 읽어야 할 고전이라고 하기에, 제목이 마음에 들어서, 표지가 인상적이어서, 유명한 작가가 썼다기에……. 책을 산 이유도 다양하다. 열거한 이유 중 나의 내적인 욕망이 깃든 것이 있는가. 나의 욕망이 아닌, 타인의 욕망에 기대어 산 책들은 대부분 앞부분만 뒤적거리다 덮어버렸다. 언젠가는 읽으리라는 착각을 책갈피처럼 꽂아둔 채.

첫 단추를 잘 끼워 완독을 한 책들은 나의 욕망이 붙든 것이라고 말해도 괜찮은 걸까. 읽을 당시 끓어오른 감정으로 두 주먹 불끈 쥐며 한 다짐들은 고스란히 마음의 짐으로 남았다. 마음은 뒤죽박죽 쌓여 정리되지 않아 창고 같다. 잊어버린 그리고 잃어버린 나의 욕망은 마음의 창고 어느 구석에 처박혀 있을까.

먹으면서 성공하는 다이어트 책을 읽으면 먹으면서도 살을 뺄 수 있을 것이라는 착각.

서울대 보낸 엄마가 쓴 육아서를 읽으면 내 아이도 서울대에 보낼 수 있을 것이라는 착각.

1년에 1억 모으기 책을 읽으면 나도 1년에 1억을 모을 수 있으리라는 착각.

3천 원으로 차리는 근사한 밥상 책을 읽으면 3천 원으로 그럴듯한 집밥을 먹을 수 있으리라는 착각.

인물화 쉽게 그리는 방법 책을 읽으면 내 아이 얼굴을 비슷하게 그릴 수 있을 것이라는 착각.

한 달 만에 여행 영어 마스터 책을 읽으면 여행에서 영어를 몰라 당황하는 일이 없을 거라는 착각.

사회성을 길러주는 언어습관 책을 읽으면 사회성이 좋아지리라는 착각.

노후에 외롭지 않으려면 이렇게 하라는 대로 하면 늙어서도 외롭지 않을 것이라는 착각.

책을 많이 읽으면 내 아이가 공부를 잘할 것이라는 착각.

전문 서적을 읽으면 전문가가 될 것이라는 착각……

이 수많은 착각은 어쩌면 욕망의 다른 이름은 아닐까?

살아 있기에 무언가를 욕망할 수밖에 없는 우리기에 욕망이 끌어들인 책을 탓하자는 것은 아니다. 다만, 착각의 늪에 빠져 허우적거리는 욕망을 끄집어올리자는 말을 하고 싶은 것이다. 착각의 늪에서 건진 욕망을 직면하고, 욕망의 민낯을 살펴보자. 그것이 내 안에서 일어난 뜨거운 것이 맞는가? 여전히 뜨거운가?

오빠가 국어교육학과를 다닌 덕분에 집에 책이 많아, 책에 대한 허기짐은 없었다. 초등학교 5학년 어린이날 선물 받은 어린이 세계 명작 50권 전집을 일 년 만에 다 읽은 기억이 난다. 언젠가부터 나의 생활연령이나 지적 수준과 관계없이 무작위로 책을 읽기 시작했다. 집에 있는 책을 다 읽자 용돈이 생기면 서점으로 달려가 책을 읽고, 샀다. 서점 주인아주머니는 새해가 되면 어른들에게 주는 다이어리와 큰 달력을 내게 주셨고 책값을 깎아주셨다. 오빠는 나에게 '도서관학과'를 가는 게 어떻겠냐고 넌지시 말하기도 했다.

이해할 수 없었으나 억지로 읽어댔다. 어떤 책은 너무 어려워 구토가 나올 지경이었다. 어쨌든 읽어내야 한다는 생각으로 읽었다. 이런 일도 있었다. '이 사건은 하룻밤 동안에 일어난 일이다.'로 시작하는 책을 읽기 시작했다. '하룻밤 동안에 일어난 이야기니, 하룻밤 만에 다 읽어야겠군!'이라고 결심했다. 하룻밤 동안의 사건이지만 이야기는 시공간을 오가며 방대하게 펼쳐지는 것을 아랑곳하지 않고, 하룻밤 만에 읽기 위해 고군분투했다. 이렇듯 막무가내로 읽은 책들이 지금 나에게 무슨 영향을 어떻게 미쳤는지 알 수는 없으나, 난 여전히 '책'을 읽고 있다.

생일 선물로 '책'을 받는 것이 기분 좋고, 쇼핑 중의 최고는 '책 쇼핑'이다. '책 욕심'을 부릴 때는 염치도 없다. 그 수많은 착각 속에서도 책을 포기하지 않고, 책을 손에서 놓지 않고 있다. '책'을 생각하면 난 여전히 뜨겁다. 아무래도 나는 '책'을 욕망하나 보다.

그러니, 책을 읽을 수밖에.

3
아직 늦지 않았다
– 김선황

나는 지금 당장 줄줄 말할 수 있다.
그동안 읽어서 안다고 착각한 도서 목록들을.

   온라인 서점 편집장이나 신문 '이 주의 도서' 란에 실린 매체를 통한 도서 추천을 챙겨보는 편이다. 인플루언서들이 감동적으로 읽었다는 블로그나 SNS 내용을 보며 내가 느낀 것과 비교해보기도 한다. 그러다 가끔 초조함이 들 때도 있다. 읽긴 했는데 저 정도 감동 포인트는 없었는데 내가 뭔가 놓치고 있나 하는 생각이 들어서이다.
   영양가 없는 불안을 간혹 하던 차에 '재독', 'N독'을 마다하지 않는 독서 모임에 참여하게 되었다. 매주 발행되는 신간들은 넘쳐난다. 그런데 우리는 굳이, 읽었던 책을 다시 읽기도 한다. 혹시 처음 읽는 데 어려운 책을 만나면 씩씩하게 다음 해 재독 목록에 올려둔다. 평생 함께 읽을 거니 그때 같이 읽으면 된다고 서로를 격려한다. 그때 무척 안도감이 든다. 또 읽을 수 있으니 다시 대기목록에 올려두고 손에서 책을 내려놓을 수 있다.

학창 시절 나름 문학소녀였다. 자랑스레 "~라떼 읽었어~"라고 말할 1g(?) 정도의 자격이 있다고 생각했다. 그런데 30여 년 전에 읽었던 책들은 내가 기억하고 있던 '맛'과 상당히 달랐다. 제목과 작가와 줄거리 정도 기억하고 있었을 뿐이었다. 글자와 글자 사이에서 느껴지는 '문체의 맛'은 박제된 기억과 너무나도 달랐다. 기억을 재생할수록 자체적으로 편집을 거듭했다. 말하기 좋은 내용은 살려두고, 세세한 부분은 건너뛰었다. 서랍 깊은 곳에서 우연히 발견된 흑백 사진처럼 전체적으로 내용이 희미해져 있었다. 주의 문구를 붙여야겠다. "책의 실제 내용과 소장 중인 각자의 기억은 다소 동떨어져 있습니다."라고.

그중에서도 가장 최근 착각한 도서는 『주홍 글자』이다. 『주홍 글씨』로 만났던 책을 『주홍 글자』로 다시 만났다. 오래전 한글 제목은 『주홍 글씨』로 기억하는데, 지금은 대부분의 출판사들이 『주홍 글자』로 번역하는 듯하다. "글씨"는 쓴 글자의 모양 또는 말을 적는 일정한 체계의 부호를 말한다. "글자" 역시 말을 적는 일정한 체계의 부호로 사전에 나와 있지만, 그 뜻은 미묘하게 다르다. '글씨'라는 말에는 글자체 의미가 더 강해서, 죄악의 징표인 '주홍 글자'를 매일 달고 살아야 하는 헤스터의 고통을 부각하려면 '글자'라는 어휘가 더 적확하다.

중학교 입학 전후에 읽었다는 기억만 희미하게 남아있을 뿐 그 뒤로는 한 번도 펴보지 않았다. '간통'이 범죄인 것, 주홍글자를 단 채 아이와 살아야 했던 여자가 참 힘들었겠구나 정도의 기억만 선연했다. 본질보다는 현상에 집중했을 나이였다고 하면 위로가 될까. 책 내용은 몇 문장으로 요약할 만하다. 그런데 너새니얼 호손은 헤스터, 딤스데일, 칠링워스의 심리를 치밀하게 묘사하여 죄악이 어떻게 각자의 인생을 파멸시켰는지 보여준다. 또 그 선택으로 각자가 어떻게 구원에 다가가는지 섬세하게 표현했다. 특별하지 않은 일상의 언어들이 호손의 필력으로 재구성되고 창조되어 문장의 '멋'을 알게 한다.

"……(중략) 그러나 이제 그녀 본성이 가진 보통 힘으로 삶의 무게를 지탱해 나가거나, 아니면 그 밑에 깔려 쓰러지는 것밖에는 별 도리가 없었다. 현재의 슬픔을 이기는 데 도움을 받기 위해 미래로부터 힘을 빌려 올 수도 없었다. 내일은 내일의 시련을 가져올 것이고, 그 이튿날은 그 이튿날의 시련을 가져올 것이며, 그리고 그 이튿날도 역시 마찬가지일 것이다. 이렇게 날마다 저마다의 시련을 싣고 오겠지만, 그 시련은 언제나 현재의 시련처럼 견뎌 내기가 더할 나위 없이 고통스러울 것이다. 아득히 먼 미래의 나날은 자꾸만 앞으로 고통스러운 길을 더듬어 나가면서 여전히 그녀로 하여금 똑같은 짐을 짊어지고 가게 할 뿐 그 짐을 결코 내려놓게 하지는 않을 것이다. 날이 가고 해가 바뀌면서 산더미같이 쌓인 치욕 위에 그 괴로움을 더 쌓아 올리기 때문이다……(중략)"

—'주홍글자' 51쪽, 민음사

감옥살이가 끝나고 혼자서 아이를 안고 감옥 문을 걸어 나오는 헤스터가 일상생활을 시작하기 직전의 심리를 그린 부분이다. 이제 여자로서의 삶이 아닌 엄마로서의 삶을 살아내야 하는 게 얼마나 두려웠을까 생각해 보았다. 얼마나 도망치고 싶었을까. 이 부분을 읽으면서 시시포스를 생각했다. 매일 돌을 굴려 정상에 올리고 다시 떨어지는 돌을 들어올려야 하는 반복적인 형

벌의 삶을 살아내면서 그는 무슨 생각을 했을까. 주어진 운명이 가혹하다고 불평했을까, 아니면 카뮈의 해석대로 보란 듯 매번 신을 조롱하며 그 일을 했을까.

 헤스터가 떠받쳐야 했던 치욕의 무게는 그녀 자신의 인생을 송두리째 바쳐 지켜야 할 사랑의 무게와 동일했거나 어쩌면 중량 초과였을 것이다. 기독교에서 신은 견딜 수 있을 만큼의 시련을 주신다고 한다. 헤스터의 신앙과 사랑의 뿌리는 하루하루 깊고 넓게 자리를 잡았고, 오히려 딤스데일 목사보다 더 단단해졌다.

 안다고 착각한 상태로 『주홍 글자』를 다시 펴지 않았다면, 나는 평생 헤스터를 오해한 채로 살았을 것이다. 동시에 호손이 영어로 펼치는 언어마술을 보지 못했을 것이다. 헤스터가 가슴에 수놓아야 했던 'A'의 글자가 간통(Adultery)에서 능력(Able)과 천사(Angel), 그리고 미국(America)으로 변해가는 아름다움 말이다. 다행이다. 아직 늦지 않았다.

4
글자만 읽다
－빈경애

처음 책을 읽기로 마음먹었을 때는 다독이 목적이었다. 1년 동안 읽은 책의 목록을 보자 뿌듯했다. 그런데 지금 돌이켜보면 그때 독서를 많이 했다는 자부심이 착각이었다. 아이들이 한글을 깨칠 때 무슨 뜻인지 몰라도 배운 글을 발음해 본다. 잘 읽으면 손뼉을 쳐주고 어려운 글자가 나오면 다시 글자 조합의 규칙을 알아가며 배운다. 지금은 그때의 1년이 글자를 배우는 아이처럼 독서를 하기 위한 밑 작업이었다는 생각이 든다. 아이들이 처음엔 의미도 모르고 글자를 읽고 기뻐하듯 나는 열심히 읽었고 뿌듯했다. 하지만 책을 덮으니 떠오르는 내용이 그다지 없었다. 이건 책을 읽었다고 말해도 되는 걸까? 분명 읽긴 읽었는데…….

'생각은 나지 않지만 어딘가에 남아있을 거야.'라며 위로했다.

시간이 흐를수록 읽은 책의 숫자도 늘어갔다. 처음엔 대부분 책을 도서관에서 빌려 봤다. 대출 이력을 보면 뿌듯했다. 그런데 읽은 줄 모르고 본 책을 다시 빌리는 때도 있었다. 마치 누가 보기라도 한 듯 얼굴이 화끈거렸다.

독서 노트에 좀 더 신경을 썼다. 그렇다 해도 내용이 가물가물한 것들이 많다. 이런 책들은 보통 재미가 없거나 어려워 대충 읽고 넘긴 것들이다. 재미있게 읽었더라도 곱씹거나 깊이 들여다보지 않은 책이다. 그래도 내가 읽은 책 목록에서 한 자리를 차지했고 나는 흐뭇했다. 그렇게 나는 책을 많이 읽었다고 착각했다.

아이들이 어렸을 때 동화책을 많이 읽어주었다. (어쩌면 이것도 아이들에게 많이 읽혔다고 착각한 것일지도 모르겠다) 독서를 왜 해야 하는지, 하면 무엇이 좋은지는 한 번도 고민해 보지 않았다. 아이들이 태어났을 때 왠지 책을 많이 읽어줘야 할 것 같았다. 의무감에 책을 샀고, 아이들이 책을 읽어 달라고 가져오면 읽어주려 애를 썼다. 그런데 이 녀석들은 한 번 잡은 책을 계속 가져온다. 지겨워서 건성으로 읽어주기도 하고 두 배속으로 후다닥 읽어 치우기도 했다.

"엄마 지겹다. 다른 책 보자~."
그래도 싫다며 원하는 책을 꼭 읽어 달라고 한다.

어느 날 유치원생인 둘째가 잘 때 또 책을 들고 오자 너무 귀찮았다.
"엄마가 그냥 이야기해 줄게."
그러자 아이도 좋다고 했다.
"옛날 옛날 아주 먼 옛날에……."
이야기를 시작하는데 중간에 내용이 헷갈린다. 어떤 이야기가 먼저 나왔는지 분명하지 않았고, 다음 장면이 바로 떠오르지 않아 당황스러웠다. 글자들을 입에만 머물고 있다 뱉어버린 읽기가 머리에 남아있을 리 없었다.

책에 있는 글자를 단순히 읽는 행위를 독서라고 생각했다. 독서란 개념이 없었으니 책으로 아이들과 같이 나누며 재미있게 놀아 볼 생각을 하지 못했다. 아이들에게 매우 미안한 안타까운 시절이었다. 지금의 아이들은 책 보는걸 좋아하지 않는다. 이제는 내 손을 떠나버린 아이들에게 내가 줄 수 있는 건 내 뒷모습뿐이다.

내가 예전에 가졌던 독서에 관한 생각과 아이들의 생각이 별로 다른 것 같지 않다. 큰아들은 지금은 공부 때문에 책을 못 보지만, 대학을 가면 책을 볼 거라 한다. 막연히 독서는 좋다는 생각이 있는 것 같다. 읽을 책을 추천해 달라고 할 때가 있었다. 청소년 권장도서를 주니 시시하다며 어른들이 보는 책을 달라고 한다. 나도 예전에 그랬었다. 동화책은 아이들이 읽는 책, 그리고 이왕 읽을 거면 고전이나 철학책을 읽어야 할 것 같았다. 독서법에 관한 책을 보면 고전 추천 목록이 나와 있다. 초등학교 때도 충분히 시작할 수 있다며 친절하게도 단계별로 소개되어 있다. 초등 고학년부터 시작할 수 있는 1단계를 골랐다. 그런데 이게 웬걸? 어렵기도 하고 왜 이리 재미가 없는지. 책을 왜 수면제라 부르는지 알게 해주는 책이다. 그래서 중도 포기하고 한동안 책을 찾지 않았다. 아들에게 청소년 권장도서이지만 어른들도 많이 보는 책이라고 알려주어도 마음에서 받아들이지 않는 게 보인다. 더 말해야 잔소리이고 본인이 깨닫는 수밖에 없다는 걸 알기에 다른 책으로 골라주었다.

어렸을 때 아이들에게 보여준 독서에 대한 태도가 올바르지 못했으니 어쩌겠는가!
이처럼 독서에 대한 무지와 내 멋대로의 생각이 가야 할 길을 얼마나 둘러가게 만드는지 모른다.

 둘째 아들은 글자 자체와는 별로 사이가 좋지 않다. 엄마가 좋아하는 독서는 거래의 대상이다. 여러 번 당했다. 하지만 언젠가 책과 화해하는 날이 오겠지!

5
뽐내고 싶은 독서

― 윤정애

    얼룩말이 되고 싶은 조랑말이 있었다. 아름다운 줄무늬를 동경하던 조랑말은 어느 날 물감으로 몸을 정성껏 칠했다. 거울을 보며 몹시 만족하며 친구들에게 달라진 모습을 자랑하고 과시했다. 달라진 몸을 보며 도취되었고 친구들의 칭찬을 들으며 꿈속을 걷는 것 같았다. 며칠 뒤 억수같이 내리던 비를 피하지 못한 조랑말. 그토록 뽐내던 줄무늬는 빗물에 씻겨 지워져 버렸다. 빗물에 번져 더 지저분해진 몸을 보며 허탈해졌다. 겉모습의 화려함을 부러워했던 제 모습이 초라해진다.

― 윤정애

과시하고 싶어 제 몸에 물감을 칠하는 조랑말은 내 모습 같다. 책을 읽기 시작하며 나도 모르게 뽐내고 싶었던 욕구가 내 안에 자리 잡고 있었음을 알아차린다.

돌담 벽 하나를 사이에 둔 옆집 노부부가 늦둥이로 낳은 아이는 나와 같은 해에 태어나 자연스럽게 둘도 없는 소꿉친구가 되었다. 숨바꼭질, 소꿉놀이, 흙 놀이를 하며 유년 시절을 보냈다. 학교에 입학하고 글을 알게 되면서 친구 집에 있던 책이 눈에 들어오기 시작했다. 친구의 형, 누나들이 보던 고전이다. 두꺼운 검은 표지에 금박 글자. 내 집처럼 들락거리며 제목만 수없이 읽어 이미 친숙해져 있던 책을 읽고 싶어진 건 사춘기에 접어들면서다. 책에 관심이 없던 친구를 꾀어 한두 권씩 집으로 가져와서 읽었다.

『무기여 잘 있거라』, 『누구를 위하여 종은 울리나』, 『죄와 벌』, 『카라마조프가의 형제들』, 『젊은 베르테르의 슬픔』, 『이방인』, 『부활』, 『닥터 지바고』, 『수레바퀴 아래서』 등등을 읽어나갔다. 사춘기에 막 접어든 나, 책이라곤 교과서밖에 몰랐던 내가 대작가들의 은유와 비유를 이해하기는 역부족이었지만 처음 접한 화려한 문장, 책에서 표현된 다양한 문화들에 매료되었다.

성인이 되어 다시 읽기 시작한 인문학. 사춘기에 읽고 느꼈던 내용과 느낌이 너무 다르다는 것에 충격과 호기심이 동시에 생겼다. 누군가 "그 책 읽어봤느냐?"는 질문에 자랑처럼 당당히 말했던 내가 부끄러워졌다. 그 책을 읽었다고 대답했을 때 상대방이 보내는 눈빛이 좋았다. 대접받는 기분이었고 책 읽는 사람으로 인정받는 기분은 으쓱하게 만들어주기도 했다.

독서 모임에서 사람들과 책 내용을 나누며 유년 시절 읽었던 독서는 단지 읽기에 불과했고, 아무것도 알고 있지 않다는 것을 깨달았다. 그러자 빗물에 '씻긴' 초라해진 조랑말의 모습이 꼭 내 모습 같다는 생각에 미치게 된다. 책을 읽고 삶에 적용하며 성장해 나가는 것이 더 큰 의미가 있다. 조랑말도 자신의 장점을 살려 자존감을 올리는 것에 목표를 두는 것이 만족감과 행복을 찾는 지름길일 것이다.

읽은 책 다시 읽기를 하며 읽을 때마다 다르게 다가오는 문장들, 깨닫게 되는 의미들이 다르다. 헨리 데이비드 소로의 『월든』을 다시 읽었다. 처음 읽었을 때와는 책을 대하는 태도가 다르다. 처음 읽기에서는 온 마음으로 집중하며 소로와 함께 숲속에 있는 나를 상상하며 위로받고 치유 받았었다. 몇 해가 지난 지금, 같은 문장에서 그때만큼 큰 울림으로 오진 않았다. 대신, 그때는 지나쳤던 문장들이 들어왔다. 같은 책을 읽고 다르게 느끼는 나를 보며 배경과 전경이 바뀐 것을 알아차린다. 그때의 전경이 치유였다면 치유는 배경으로 물러나고 지금은 "here & now"가 전경이 되었다. 물기 없이 쩍 갈라진 논바닥 같았던 나를 위로했던 책이 잘하고 있고 잘할 것이라고 격려와 지지를 주는 책이 되었다.

읽은 책을 모아 책 탑을 쌓고 인증샷을 찍는다. '이만큼 읽었다.'라며 자랑하고 싶던 마음이 '이런 책을 읽었구나. 기회가 될 때 다시 읽자.'라는 생각으로 바뀌었다.

책 읽기로 뽐내고 싶었던 나는 성장하고 싶었다. 속이 차지 않으니 겉모습이라도 그럴듯하게 보이고 싶었다. 빈 깡통이 요란했다.

조금씩 채워가는 미래가 궁금하다. 나의 미래는 누군가에게 보이기보다 스스로 만족하는 삶을 살고 있을 것은 분명하다.

부족했던 내 모습, 결핍은 끊임없이 무언가를 찾도록 했다. 뽐내고 싶었던 마음은 인정과 사랑받고 싶은 욕구였다는 것도 알아차렸다. 보이는 것이 전부가 아니라는 깨달음이 있었고 그러므로 내면을 채우는 시간을 가질 수 있었다.

있는 그대로의 내 모습을 인정하면서 마음 깊숙이 원하던 '성장'이 시작된다.

6
삶으로 읽는 독서
- 정수영

"나는 한 시간의 독서로 가라앉지 않는 그 어떤 고뇌도 경험해 본 적이 없다."

내가 독서 생활을 하게 된 이유 중 하나인 몽테스키외의 말이다.

삶에서 생기는 문제는 결국 내 안에서 답을 찾아야 하는 나의 몫임을 잘 알고 있다. 관계에서 오는 갈등으로 마음이 혼란스러울 때, 조절되지 않는 화가 나를 휘두를 때, 나는 책을 읽는다. 길게 심호흡하고, 책을 들고 혼자만의 공간을 찾아 책을 편다. 정말 마법같이 흥분된 마음이 가라앉는다.

흙탕물을 가만히 두면, 흙이 바닥에 가라앉아 물이 맑아지는 것과 같다. 화에 휩싸인 나는 진정한 내가 아니다. 맑은 물이었던 내가 흙과 같은 화로 인해 흙탕물처럼 혼탁해진 것이다. 흙으로 혼탁해진 물에선 내 마음이 잘 보이지 않는다. 흙을 가라앉혀 물과 분리하듯, 감정과 나를 분리해내야 한다. 이럴 때 독서가 나를 정수(淨水)시키고, 이성적인 나로 변화시켜 준다. 사건에서 거리를 두어 나를 객관화시켜 주기도 하고, 흥분한 내가 저지른 과오를 깨우치게 한다. 이런 시간을 가지고 나면 문제의 해결이 훨씬 쉬워진다. 그렇지 않았다면 우울과 화로 머리를 싸매고 고심하며 하루를 망치고 밤잠을 설치기 일쑤였을 것이다. 이런 경험이 나의 독서를 더욱 강화해 주었다. 그래서 그런지 읽다 보면 자꾸 욕심이 앞선다. 읽던 책을 완독하기도 전에 다음 읽을 책을 주문한다. 그렇게 주문한 책이 항상 대기하고 있다. 읽고 싶은 책은 갈수록 늘어만 간다. 알면 알수록 모르는 것이 늘어난다 했던가? 읽고 읽어도 안 읽은 책이 많아진다. 읽어내기 바쁜 일상이 되었다.

책을 통해 내가 몰랐던 것을 깨우치게 된다는 것은 참으로 매력적이었다. 더구나 독서 모임을 통해 책 속의 감흥을 공감하고 나눌 수 있는 시간이 좋았다. 가슴 벅찬 문구가 내 심장을 조여들게 하는 순간, 그 순간의 느낌을 누군가와 공유할 수 있는 것은 행복한 시간이다. 그뿐만 아니라, 같은 책을 읽고 나와는 전혀 다른 관점의 시선을 나눌 수 있는 것도 큰 배움이다. 독서 모임으로 나누고, 배우며, 사고가 확장되는, 그 좋은 느낌이 나를 더욱 독서에 몰입하게 했다.

독서 모임을 늘리면서 고전을 깊이 있게 읽고 싶은 욕심이 생겼다. 토론하다 보면, 책 속 주제와 연관되어 파생된 추천 도서가 늘어난다. 하지만 고전(古典)은 가볍지 않다. 그야말로 고전(苦戰)하며 읽어 낼 수밖에 없다. 니체나 칸트, 융 등의 철학 서적들은 몰입하여 시험공부를 하듯 읽었다. 책과 싸움을 하듯 읽어 내다 보니 나의 인내심이 갱신되는 느낌이랄까? 집중이 필요했기에 좀 더 몰입하려고 도서관에 다니며 읽었다. 남편이 퇴근할 즈음 나도 집으로 향했다. 퇴근길 집 앞에서 만난 남편이 한마디 했다.

"이제 오는 거야? 무슨 고시생인 줄 알겠네."

언쟁 끝에 농담인 듯 비수를 던지기도 했다.

"아니 말이야, 사람이 책을 그리 읽었으면 좀 변하는 게 있어야지……."

'책을 그리 읽었으면'이라는 말은 이전에도 자주 듣곤 했었다.

하지만 본격적으로 고전 읽기를 시작한 지 두 해는 족히 지났을, 그날의 말은 나를 돌아보게 했다.

　읽으면 읽을수록 읽을 책이 많아졌다. 읽을수록 모르는 것이 너무 많다는 생각이 들었다.
　수많은 고전을 읽어내려면 많은 노력과 시간이 필요함도 안다. 잘 알고 있지만, '변화'라는 말이 내 가슴에 걸려서 나를 괴롭혔다.
　'책 한 권을 다 못 읽어도 좋다. 단 한 줄의 문장이라도 그 글이 나를 변하게 했다면 그 책은 가치를 다 한 것이다.'
　뇌리에 박힌 '변화'란 말을 떠올리며 그간 읽었던 책을 돌아보았다. 그간 꽤 읽기는 했다. 머지않아 책장을 하나 더 들여야 할지도 모른다. 지난 나의 책 읽기는 어땠는가? 욕심내어 독서 모임 수를 늘리고, 단시간 많은 책을 읽어내기에만 급급했다. 한동안은 '다독을 위한 시간을 가지겠다.'라고 결심했었지만, 점검이 필요했다.
　'그래! 내가 변하지 않고 성장하지 않는다면 많이 읽는다는 게 무슨 의미가 있으랴?'

　아는 것을 실천하지 않으면 진정한 앎이 아니라 했다.

독서 토론을 통해 얻은 감흥, 진정성, 그 열정을 내 삶으로 가져와야 한다. 아는 것을 내 삶에 대입하고 시도해 삶으로 녹여내는 독서를 해야 한다. 눈이 아닌 가슴으로 읽어야 하고, 읽어내기 위함이 아닌 실천과 변화의 독서를 해야 한다.

오늘도 책을 펴며 스스로 묻는다.
"나는 왜 읽는가?"
책을 덮으며 다시 묻는다.
"무엇을 변화시킬 것인가?"

제5장
독서와 일상의 불협화음

1. 한계 극복이 아닌 기예의 다룸–박혜정
2. 적과의 동침–강주혜
3. 동상이몽 독서 수업–김선황
4. 내 삶의 고갱이를 만들다–빈경애
5. 책에 대한 선입견–윤정애
6. 느린 독서 문장 씹기–정수영

1
한계 극복이 아닌 기예의 다룸

- 박혜정

아슬아슬 줄 위를 걷는 나는야 줄광대. 처음 줄 앞에 섰을 때는 아무것도 보이지 않았다. 아니, 볼 수 없었다. 세상은 암전되고 단 하나의 스포트라이트가 내 머리 위에서 빛을 떨구고 있었다. 줄과 나만이 존재하는 세상. 조심스럽게 한 발을 내디딘다. 흔들흔들. 두 걸음 만에 왼쪽으로 꽈당. 얼른 일어나 다시 줄을 탄다. 조심조심. 또다시 오른쪽으로 퍽.

걷고 떨어지기를 반복하며 상처투성이의 몸을 이끌고 기어코 줄을 타고 건너는 독한 인간들이 있다. 잠시 숨을 가다듬으려 했을 뿐인데, 줄을 타고 건너는 그들을 보니 조급증이 인다. 주저앉아 있을 수 없어 또다시 몸을 일으켜 심호흡하고 줄 앞에 선다.

한 걸음, 두 걸음, 세 걸음. 조금씩 전진하고 있는 나. 겨우 세 걸음 걸었을 뿐인데, 줄 끝에 다다른 것 같은 기분이다. 고작 한 걸음 더 걷고선 기고만장해진다. 흐려지는 집중력, 찰나의 기쁨을 맛본 것으로 끝. 그대로 땅에 처박힌다. 어떻게 떨어져도 아프기만 하던 몸은 이제 괜찮은 것 같다. 요령이 생긴 걸까? 고통에 무뎌진 걸까? 머리가 깨지기 직전이고 온몸은 상처로 너덜너덜해졌다. 잠시 쉬어가려 다리를 뻗고 대자로 누워버렸다.

그 사이 누군가 또 밧줄을 건넜다. 여기저기서 나타나는 사람들. 줄 앞에는 긴 줄이 늘어선다. 가을바람에 나뭇잎 떨어지듯 사람들이 하나둘 바닥으로 나뒹군다. 솟구치는 불안감에 몸 상태를 챙겨볼 겨를 없이 나도 줄에 동참한다. 걷다 보면 요령이 생기겠지. 또다시 발부터 내밀고 본다. 그렇게 걷고 떨어지기를 수십 년. 한계는 극복해야 하는 거라 배웠다. 경쟁 사회에서 자신의 한계를 넘어서지 못하면 낙오자가 되고 패배자가 될 뿐이다. 무엇이 문제인지는 중요치 않다. 언제나 자신을 벼랑 끝까지 몰아 떨어뜨리라 한다. 떨어지고 나면 날개가 있음을 알게 될 거라고.

그렇게 나는 나를 소모했고 소진했다. 철저히 착취하며 골수까지 **빼먹으려** 했다. 그것이 이 세상에서 생존하는 유일한 방법이라 믿었으니까.

떨어지는 것에 익숙해졌다. 아무렇지 않게 발을 내딛게 될 줄 알았는데, 파블로프의 개가 되고 말았다. 줄만 보면 생겨나는 두려움, 학습된 무기력함. 겉으론 큰소리 빵빵 쳤지만 이미 마음속에선 패배자가 되고 말았다. 나는 내 한계를 넘어서지 못한 루저. 나를 향한 질타와 힐난을 어깨에 지고 또다시 줄 앞에 선다. 비틀비틀 철퍼덕. 왼쪽은 회피의 늪, 오른쪽은 자기 소진의 허방다리. 그 사이를 건너지르는 가느다란 밧줄 하나가 내 삶임을 알게 된다. 내 인생의 꼬락서니를 알아차렸을 때의 좌절감이란. '나름의 열심'은 결국 세상이 나에게 매어둔 족쇄였다. 40여 년의 시간. 이제 와서 뭘 보게 된 것인가?

'몰랐으면 좋았을걸.'

편한 길을 걸을 수 없음을 알게 된 후 아주 잠시 배우고 알려한 내가 원망스러워진다. 몰랐다면 걸었을 그 길에서 자꾸만 부끄러워지는 나를 보게 되고, 자신을 속이는 나를 발견한다.

"어쩌라고?"

세상을 향해 소리쳤지만 돌아오는 건 메아리뿐.

나아가지도 돌아서지도 못하는 나에게 내미는 손 하나. 삶을 통째로 부정당한 기분에 따져 물을 여유가 없었다. 무엇이든 붙잡고 싶었으니까. 덥석 붙든 손이 나를 토닥인다. 그 손이 나에게 말을 한다. 끊임없는 자기 소모의 시간 속에서 나를 괴롭힌 것도 나이고, 비난의 손가락질을 쏘아낸 사람 역시 나였다고. 나에게로 향한 책망의 목소리를 거두고 나를 잠시만 보라며 숨 쉴 틈을 만들어 준다.

누구도 나에게 강요하지 않았다. 내가 나를 다그쳤을 뿐. 노력을 넘어 '노오력'을 해야 하는 자기 착취의 사회. 그 속에서 나는 피해자인 동시에 가해자였다. 나는 나를 얼마나 착취하며 살아왔던가? 나를 향해 내민 손에 나머지 손마저 더해 내밀며 속삭인다. 자기 파괴를 막고 자신을 배려하기 위해서는 두 가지의 전환이 필요하다고.

첫 번째는 욕망의 전환이다.

자기를 배려하는 것은 욕망을 어떻게 다스리는가의 문제이다. 흔히 자기 자신과 자기 욕망을 동일시한다. '내가 하고 싶은 것이 곧 나'이기 때문에, 내가 하고 싶은 것을 하고 사는 게 나를 배려하는 길이라고 생각한다.

고대의 현자들은 욕망의 주인이 되라고 가르친다. 욕망의 주인이 되는 길은 내가 하고 싶은 것을 언제든 하는 것이 아니라, 반대로 언제든 그것을 그만둘 수 있는 것이다. 주인의 힘은 '이루게 하는 힘'이 아니라 '그만둘 힘'이다.

두 번째는 탁월함을 바라보는 관점의 전환이다. 탁월함을 한계의 극복이 아닌 다름의 기예로 판단하는 것이다. 세상이 10이라는 평균 능력치를 요구한다 해도, 지금 내 능력치 안에서 나의 것을 펼쳐야 한다. 처음 새벽 기상을 시작했을 때 세상은 이미 '미라클 모닝'이 유행처럼 번지고 있었고, 잠은 죽어서 자겠다며 삶에서 잠을 지운 사람들이 있었다. 기상 시간 5시. 숨이 막혀왔다. 좀 더 나은 방법은 없을까? 뒤적뒤적 책을 찾아보고, 인터넷 검색을 해본다. 넘어졌는데 밟아주는 것인가? 새벽 기상 4시. 4시와 비교한 5시. 그래, 5시로 시작해보자. 그렇게 5시 기상을 목표로 수십, 아니 수백 번 경험한 새벽 기상 실패는 결국 나를 '올빼미형 인간'이라 외치게 했다. 좋아하는 일을 하고 싶어 때려치운 직장 생활. 칼을 뽑았으니 무라도 베야 하는데, 성공과 실패의 반복뿐이다. 시간을 쏟아부어도 도드라지는 것은 부족한 경험뿐. 회피 후 또다시 도전해보는 새벽 기상. 그때 만난 단어 하나에 다시 시작해 볼 수 있었다.

'한계가 아닌 기예'

한계라는 말은 세상에 기준을 두게 한다. 하지만 기예로 바꾼 단어 하나로 기준은 내 안에 세워졌다. 잘난 이들을 좇던 눈이 그제야 나에게로 돌아앉았다. 새롭게 설정된 목표. 6시 59분. 나의 새벽 기상은 그렇게 시작되었다.

인간이 추구할 수 있고, 인간이 추구해야 하는 것이 개개인이 도달할 수 있는 탁월함이다. 각자의 탁월함을 추구하기 위해, 자기 배려의 출발점, 자신의 한계를 알아야 한다. 그 한계를 넘어서고 격파할 것이 아니라, 다룸의 기예로 충분히 활동하고 그 쓸모를 찾아 사용하다 보면 어느새 자신의 한계는 아주 조금씩 커지고 있음을 발견하게 된다. 한계의 극복이 아닌 기예의 다룸, 그 기예를 충분히 다룰 수 있을 때 나의 한계는 조금씩 확장된다.

자신을 배려하기 위해선 '자기'가 무엇인지 아는 시간이 필요하다.
자신과의 만남, 자기 배움의 시간이 될 수 있다.

6시 59분에 시작된 새벽 기상. 한계를 극복하려 애를 썼다면 도달하지 못했을 시간. 1분이라는 시간을 다루기 시작하며 이제 4시를 사랑하는 사람이 되었다.

2
적과의 동침

— 강주혜

나는 책보다 텔레비전이 재밌다. 드라마를 보고 있으면 시간 가는 줄 모른다. 어디 드라마뿐인가, 여행도, 낚시도, 운동도, 쇼핑도 심지어 독서도 텔레비전이 다 해준다. 노력도 돈도 들지 않고, 그저 편한 자세로 보고만 있으면 된다. 텔레비전과 함께라면 가족이나 친구가 없어도 노후에 외롭지 않을 것 같다. 시험을 앞둔 입시생도 아니고, 숙제를 해야 하는 학생도 아니고, 잔소리할 엄마가 있는 것도 아니다. 온종일 텔레비전을 본다고 문제가 될 것이 있는가?

있다! 문제는, 텔레비전을 보고 있으면 마음이 편하지 않다.

마치 나쁜 친구의 꾐에 빠져 학교에 안 가고 오락실에 간 기분이다. 사탕이 달고 맛있어서 생각 없이 먹다 보니 이가 썩을 것 같고, 아이스크림이 시원해서 자꾸 먹는데 배탈이 날 것 같다. 무엇보다 약이 오르는 것은 드라마 속 멋있는 주인공들은 아무도 텔레비전을 보지 않는다. 텔레비전에 나오는 사람들의 일상에는 텔레비전 시청 시간이 존재하지 않는다. 속은 기분이다. 자기들끼리 여행 다녀와서 앨범만 보여주는 것 같고, 맛있는 음식을 혼자 먹으면서 냄새만 풍기는 것 같다. 텔레비전을 열심히 보는데 채워지는 느낌이 아니라 중요한 무엇인가가 빠져나가는 듯 공허해진다. '미스터 션샤인'을 보다 정신을 차리고 창밖을 보니 어두워지고 있다. 하루가 다 가버렸다.

텔레비전은 나의 시간과 열정과 사색을 먹고 자라는 괴물이었구나!

괴물의 정체를 알았으니, 괴물을 처단하고 승리의 깃발을 꽂아야 한다. 괴물이 쓰러진 자리에 책의 탑을 쌓으리라!

드라마는 이렇게 끝났어야 한다.

권선징악, 해피엔딩의 교훈이 있어야 하고 무엇보다 사이다가 있어야 하는데, 시대가 변하니 드라마의 결말도 다양해졌다. 가끔 악이 승리하기도 하고, 선악의 구별이 모호하여 시청자에게 혼란을 야기시키고, 열린 결말이라는 이름으로 시즌 2를 예고한다.

　유행을 좇듯, 우리 집 거실에 주인처럼 자리를 차지하고 있는 괴물과의 전쟁을 다룬 드라마는 동지의 배신과 주인공의 죽음으로 끝이 났다. 나에게 괴물이었던 텔레비전은 남편에게는 하루의 고단함을 달래주는 피로회복제요, 상처받은 영혼을 감싸 안아주는 위로자였다. 또한 말이 통하는 친구처럼 남편의 관심사에 따라 주제를 바꿔가며 말 상대가 되어주었다. 동지의 배신이 아니라, 적과의 동침이었다.

　적과의 동침으로 태어난 아이는 다행히 내 편이었다.
　'책을 보고 그림을 그리는 저 아이는 영락없는 내 편이다. 그래, 이대로만 가면 다수결의 원칙에 의해 거실을 차지하고 있는 괴물을 몰아낼 수 있을 거야! 아이야, 어서 자라 너의 목소리를 내려무나. 아이야, 어서 자라 당당하게 적에게 요구하여라, 〈학생〉이라는 신분을 무기로 적을 협박하여라!'
　책을 읽는 엄마를 보고 자란 아이는 책을 읽는다는 말을 믿었고, 아이는 엄마의 뒷모습을 보고 자란다는 말을 되새기며 나의 뒷모습에 신경을 썼다.
　어리석고 어리석도다! 아이는 엄마가 아닌 부모의 뒷모습을 보고 자라며, 아이 몸과 의식 속에 흐르는 인자의 50%가 적으로부터 받은 것을 왜 생각하지 못했던가!

아이는 엄마의 뒷모습 뒤, 배경으로 깔리는 아빠의 뒷모습을 보았으며, 책 읽는 엄마 곁에 잠시 머물다 텔레비전을 보는 아빠 옆에 지남철처럼 붙어 앉았다.

자연에 가까운 아이는 본능이 이끄는 방향을 따라갔으며, 그 길 끝에는 아빠가 있었고, 아빠의 앞에는 텔레비전이 있었다.

적과의 동침으로 태어난 아이를 필사적으로 동지로 기르려 했으나, 아이는 자연스럽게 적으로 자라났다.

텔레비전을 괴물로 규정했음에도 나는 여전히 책보다 텔레비전이 재밌다. 책보다 텔레비전이 힘이 더 세다. 더 재미있고, 더 힘이 세다고 더 좋아하지는 않는다. 텔레비전이 더 재밌음에도 불구하고, 나는 텔레비전보다 책을 압도적으로 좋아한다. 둘 중 하나만 선택해 평생을 봐야 한다면 두 번 생각하지 않고, 1초도 망설이지 않고 책을 선택할 것이다.

이젠 적과의 동침이 아니라 적들과의 동침이다. 동지가 없는 나는 가정의 평화와 나의 목숨을 부지하기 위해 텔레비전과도 적당한 관계를 유지하려 한다. 시간이 흐르다 보니 적과 동지의 경계가 흐려지고 의미가 없어졌다. 전쟁도 치르지 않고 완패한 나는 전열을 가다듬어 다시 덤벼들 엄두를 내지 못한다. 우리는 비무장지대에서 생활하듯 서로를 공격하지 않고, 서로의 영역에 침공하지 않는다.

동지가 없는 나는 외롭다. 외로움을 책으로 달랜다. 방에서 혼자 책을 읽고, zoom 프로그램을 통해 독서 토론을 한다. 적들은 거실에서 의천도룡기를 본다. 나는 아이가 자라, 나와 같은 책을 읽고 이야기를 나누고 훗날, 엄마와 함께 읽은 책을 추억하며 그 책을 자신의 아이와 읽기를 소망했다. '김칫국'을 사발째 들이킨 꼴이다. 아이는 자라 아빠와 함께 보던 의천도룡기의 장무기와 무당파를 이야기하고, 자신의 아이와 새로운 버전으로 거듭날 의천도룡기를 보며 할아버지와의 추억을 이야기하겠지.

오늘도 스스로 다독인다. 아이는 지금 텔레비전을 보는 것이 아니라, 아빠와의 추억을 쌓고 있다. 추억을 쌓고 있다. 추억이 쌓이고 있겠지?
적도 동지도 아닌 그에게 조금 불만이다. '도시 어부'가 나도 모르게 재밌게 느껴질 정도로 같이 봐주는데, 왜 그는 내가 읽는 책에 조금도 관심이 없는 걸까.

난 가끔 궁금하다. 책을 읽는 가족은 밥상머리에서 어떤 대화를 나눌까.

온 가족이 함께 책을 읽고, 이야기를 나누는 일은 물이 흐르듯 자연스러우리라 생각한 것은, 나의 완전한 착각이었다.

이 글을 적도 동지도 아닌 그들이 읽는다면 나에게 돌을 던질지도 모르겠다.

아. 이것도 착각이다. 그들이 이 글을 읽고 나에게 돌을 던진다면, 나 웃으면서 그 돌을 맞으리.

3
동상이몽 독서 수업

— 김선황

20년 전 독서 논술 수업을 시작할 때보다 학부모들의 교육 수준은 전반적으로 상향되었다. 여러 채널을 통해 듣고 볼 수 있는 교육 관련 강의들이 넘쳐난다. 상담을 하다 보면 나보다 최근 교육 트렌드에 대해 더 능숙하게 설명하는 학부모들도 간혹 있다.

과연 학부모들은 제대로 알고 있는 걸까? 현직에 있는 나 역시 제대로 알고 있다고 착각하는 건 아닌지 돌아보곤 한다. 그래서 '학부모들이 착각하는 독서 수업'에 대한 유형을 몇 가지 추려 보았다. 여기에 적힌 글들은 수업을 통해 얻은 경험이라 모든 이들에게 일반화하기에는 부족할 수 있다.

첫째, 많이 읽으면 좋다?

대부분의 학부모는 자녀가 책을 거의 안 읽으니 책을 많이 읽게 해달라고 요청한다. 맞벌이 부부가 많아지면서 책을 읽힐 시간적 여유가 없으니 그 역할을 대신해 달라는 것이다.

"학원에 다니면 아이들이 책을 얼마나 읽게 되나요?"

한 달에 두세 권 정도 커리큘럼을 짜서 수업한다고 하면 좀 적은 건 아닌지 반문한다. 독서력을 양으로 판단하기 때문이다. 하지만 많이 읽힐 목적으로 독서 칭찬 스티커를 붙이고, 권수로 독서의 성장을 판단하는 순간, 아이들은 책보다는 잿밥에 더 관심을 갖는다. 그럼 점점 책의 두께는 얇아지고 읽었던 책을 다시 읽어 권수를 채우려고 한다. 물론 문해력이 나아져 독서량이 확 느는 친구들도 있다. 하지만 모든 아이가 그렇지는 않으며, 그게 내 아이가 아닐 수 있다는 것을 인지해야 한다.

둘째, 읽으면 다 안다?

책을 읽어온 친구들에게 책이 어땠느냐고 질문하면 괜찮았다, 혹은 재미있었다고 말하는 친구들이 있다. 바로 어느 부분이 재밌었냐고 물어보면 구체적으로 어느 부분이라고 선뜻 대답하지 못하는 친구들이 의외로 많다. 숙제처럼 책을 읽다 보니 책의 글자는 스캔했지만 내용은 뇌로 전달되지 않은 것이다. 읽었다고 하는데 기억이 나지 않는다고 하는 경우, 대부분 안구 운동에 그친 것이다.

셋째, 책을 많이 읽으면 성적이 잘 나온다?
책과 성적은 비례하기는 한다. 이 관계는 반비례하기는 힘들다. 독해력이 있는 친구는 대부분 학교 성적도 잘 나온다. 완만한 기울기인지 가파른 기울기인지는 개인별로 차이가 있을 수 있다. 책 별로 안 읽어도 성적이 잘 나오는 친구도 있다. 수업 시간에 선생님의 강의를 초집중해서 듣고 성실하게 암기했기 때문일 것이다. 이런 친구들은 다양한 책은 아니더라도 자신의 관심 분야의 책만큼은 전문가 수준으로 깊게 읽어내기도 한다. 반대로 책을 많이 읽어도 성적이 뛰어나지 않은 경우도 있다. 그다지 성적에 연연하지 않거나, 출제자의 의도를 세밀히 파악하지 않은 것일 수 있다.

넷째, 독서 수업을 하고 있으니 그거면 충분하다?
일주일 동안 독서 논술 수업은 두어 시간 내외일 뿐이다. 더 많은 시간을 가족과 공유하고 있는데, 주 1회의 독서 수업으로 아이의 독서력을 단번에 상승시킬 수 있을 거라는 건 환상에 가깝다. 매일 꾸준히 시간을 들여서, 10분이라도 아이에게 책을 읽어주거나 아이와 같은 시공간에서 책을 읽고 이야기 나누는 것이 훨씬 효과적이다.

다섯째, 다양하게 읽어야 한다?
극명하게 문학을 좋아하는 친구도 있고 비문학을 좋아하는 친구도 있다. 문학을 좋아하는 친구에게 의도적으로 비문학을 권하고, 비문학을 좋아하는 친구에게 문학을 열심히 소개해 줘도 자신의 성향대로 편독을 한다. 그만큼 글 읽는 취향이 확고한 친구들이 있다. 반면 활자 중독이라 할 만큼 눈에 보이는 모든 것을 읽는 아이도 있다. 중요한 것은 다양하게 읽어야 한다는 강박관념으로 독서를 강제하면 역효과가 날 수 있다는 것이다. 순종적인 성향의 친구들은 분야별로 다채롭게 도서 목록을 채울 수 있겠지만 그렇지 않은 경우 책 자체에 흥미를 잃을 수도 있다.

위 다섯 가지 사례 외에도 학부모들이 착각하는 여러 사례가 있을 것이다. 자녀가 책을 좋아하고 평생의 동반자로 삼도록 만들고 싶다면 우선 독서의 목적에 대해 자녀와 충분한 대화가 이루어져야 한다. 독서 논술 관련 교육기관을 선택할 때에도 신중해야 한다. 균형 잡힌 생각을 할 수 있도록 이끌어주고 아이의 흥미와 호기심을 자극하도록 도울 수 있는 선생님을 찾는 것이 좋다. 가장 중요한 것은 아이들이 독서할 수 있는 몸과 마음이 준비될 때까지 부모가 기다려줘야 할지 아니면 너무 늦기 전에 적절한 개입을 해야 할지를 결정하는 것이다. 정답은 없다. 내 아이에 대한 최선의 선택이 있을 뿐이다.

'시행착오'는 '시행'에 강조점이 있다. '시행'했기에 실패가 있고, 실패를 성공으로 바꿀 수 있는 기회를 가질 수 있다. 최선의 선택으로 단번에 갈 수 있는 방법은 없다고 단언해도 무방하다. 그동안 시행한 착각들을 하나씩 개선해 나갈 실행력을 갖춘다면 온전히 나만의 특별한 경험이 될 것이다.

착각한 독서는 이렇게 켜켜이 무형의 재산을 만들어간다.

4
내 삶의 고갱이를 만들다
-빈경애

정년 없이 일하는 사람이 있다. 단순히 생계를 위해서라거나, 노년에 할 일이 없어서 일을 연장하는 것처럼 보이지 않는다. 하던 일에 애정을 가지고 체력이 되는 만큼 일을 한다. 노년이라고 해도 젊은 사람과 다를 바 없는 생활을 이어 가고 있다. 나 역시 그런 희망을 품고 독서를 시작했다.

추천해 주는 책을 마구잡이로 읽었다. 주린 배를 채우듯 허겁지겁 읽으며 권수를 채웠다. 초기엔 독서 모임에 오가는 시간과 토론 시간이 아까워, 혼자 책을 읽었다. 혼자 독서는 별로 남는 게 없다는 것을 알았지만 고픈 배를 불리는 게 먼저였다. 읽는 데만 급급해 사색할 여력은 없었다. 어느 정도 양이 채워졌다 싶으니, 그제야 '책은 이렇게 읽으면 안 된다.'라는 말이 귀에 들어왔다. 배가 부르자 독서 모임에 참가도 하고 책 읽는 재미도 더해가며, 재독하는 책도 생기기 시작했다. 그리고 책을 읽고 있는 내 모습도 눈에 들어오기 시작했다.

조급했던 마음이 안정되며 무엇보다 즐거웠던 건 사고의 변화를 느낄 때다. 사물이나 사건을 바라보는 여러 개의 눈이 생기고 있다. '이건 정말 누가 뭐래도 내 말이 맞다.'라고 주장하던 것이 '어쩌면 내가 우기고 있는 건 아닐까?'라며 스스로를 의심해볼 여유도 있다. 내 주위의 동그라미가 점점 커지고 있다는 희열을 느끼는 중이다.

때로는 브레이크가 걸리는 일도 발생한다. 책을 보다 보니 집안일보다 독서가 우선 될 때가 있다. 특히 아이들이 나를 부를 때 무심하게 대답하기가 일쑤였다. 이런 일 때문에 식구들에게 한 번씩 지적을 받기도 했다. 어느 날 둘째가 그동안 쌓인 불만을 토로했다.

"엄마는 맨날 책만 읽으면서 바뀐 게 하나도 없네. 뭐 하려고 책 읽어?"

순간 화가 솟구쳤다. 나는 책을 읽어 달라질 거라고 식구들에게 말한 적은 없지만, 스스로 달라졌다고 생각했다. 하지만 드러나는 나의 모습에는 변화가 없다기에 참지 못하고 화가 났던 것 같다. 나의 내면은 분명히 달라졌다. 책을 읽기 전보다 행복하고 긴장과 불안도 많이 줄어 편안하다. 이해심도 더 생겨 화가 나는 빈도도 줄었다. 변한 모습은 셀 수 없이 많은데 변한 게 없다니! 나를 바라보는 사람들은 예전의 나와 똑같이 느낀다면 나는 변한 것이 맞나? 많은 고민을 하게 한 날이었다.

이렇게 변한 듯, 변하지 않은 듯 세월은 흐르고 있었다. 아이들이 어릴 때 보던 육아서 덕분에 심리학의 매력을 알게 되었다. 관련 프로그램을 찾아다니며 수업을 들었고, 꾸준하게 관심을 쏟고 있을 때였다. 아들의 친구 엄마가 상담심리학과 대학원을 가기 위해 학점은행으로 수업을 들을 계획이라는 말을 했다. '어! 이건 내가 하고 싶었던 거였는데…….' 파랑새를 곁에 두고도 알아보지 못했던 것처럼 그동안 내가 찾아 헤매던 것이었다. 결국, 그 엄마는 다른 일이 바빠 수업을 들을 수 없었고, 내가 공부를 시작하게 되었다. 이 글을 쓰고 있는 지금은 대학원 2학기 기말고사 기간이다.

돌이켜보니, 독서로 인생을 바꿔보겠다고 한 말이 사실이 되어가고 있다. 누군가의 인생이 바뀌었다는 말을 들을 때가 있다. 그 말을 들었을 때 '참 부럽다. 좋겠다. 저런 사람들은 복 받은 사람들이지. 나 같은 사람은……'라는 생각을 했다. 그런 사람들을 볼 때면 바뀌기 전후의 차이가 선명했고, 광고지에 붙어 있는 비포 에프터(Before After) 다이어트 사진 같았다. 그런 변화를 기대했던 지금의 나는, 비포(Before)에서 에프터(After)로 가는 중이다. 책을 읽다 보니 대학원 진학을 했고, 내가 운영하는 독서 모임도 하나 시작했다. 구체적인 그림을 구상한 적은 없지만 무언가 그려지고 있다. 다음 해는 어떤 그림이 그려질까? 기대되고 설렌다.

3년 만에 책이라는 도깨비방망이로 변신하고 싶었던 나! 돌이켜 생각하니 지금의 나는 3년 전, 독서를 시작할 때의 나와 다르다. 나에게 맞는 일을 찾아다닐 때와도 다르다. 뿐만 아니라 내가 무엇을 좋아하는지 알고 싶어 찾아다닐 때의 나는, 아무 고민 없이 안주하고 있을 때의 나와 달랐다. 나는 그렇게 조금씩 작은 변화를 만들며 내 삶의 고갱이를 만들고 있었다.

지금도 독서의 목적은 변함이 없다. 프시케가 남편 에로스를 찾아 떠나는 여정에서 만나게 되는 곡식을 가려주는 개미, 금빛

양모를 모아 오는 방법을 알려주는 목신 판, 하데스로 가는 길을 알려주는 탑 속의 어떤 소리처럼, 책이 그런 안내자가 되어주기를 바란다. 독서를 하는 과정에서 가장 큰 변화는 대학원 진학과 지금 이 글을 쓰기까지의 모든 소소한 과정을 포함해 멈추지 않고 움직이고 있다는 것이다. 수동형 인간에서 점차 능동형으로. 내가 살고 싶은 인생이다.

5
책에 대한 선입견

-윤정애

『폭풍의 언덕』을 마흔이 넘어 다시 읽었다. 인생을 더 알아서 일까. 주인공의 엇갈린 생각과 삶. 안타까움이 심장을 파고든다. 그땐 도저히 이해되지 않던 히스클리프의 마음을 조금은 알 수 있을 것 같다. 인문학 도서를 다시 읽으며 어릴 때 읽었을 때와 전혀 다른 느낌으로 다가오는 이야기에 몰입된다.

책마다 반복적으로 인용되는 내용을 발견한다. 그리스 로마 신화다. 삶의 무대에 신화가 빠지면 이야기가 되지 않는다고 해도 과언이 아닐 정도다. 단테의 『신곡』을 읽을 즈음엔 책을 던져 버렸다. 『신곡』에는 그리스 로마 신화에 대한 인용이 많다. 신화에 대한 지식이 없으니 이해가 되지 않았고 들춰보고 찾아보느라 흥미가 떨어졌다.

그리스 로마 신화에 대한 편견이 있었다. 그리스 로마 신화 만화 전집이 유행하던 시절, 아이들에게 폭발적 인기를 끌었다. 선정적인 그림과 노골적인 표현, 선생의 입장으로만 본 그 책의 이미지는 읽히지 말아야겠다는 생각이었다. 지금 생각해 보면 어처구니없지만, 그땐 신념처럼 여겼다.

배경 지식을 쌓기 위해 읽기 시작한 신화에 몰입되었다. 제우스의 복잡한 가계도를 이해하기 힘들었지만 스토리가 재미있었고 아이들이 열광한 이유를 이해하게 되었다. 여러 학자가 해석한 강의를 듣고 신화에 내포된 의미를 알게 되면서 편견과 무지가 성장을 방해한다는 사실도 알게 되었다. 그리스 로마 신화는 인간 삶의 축소판이었다.

호머의 『일리아드』와 『오디세이아』도 편견을 가진 빼놓을 수 없는 책이다. 인터넷 커뮤니티에 올라온 독서 인증 글, 모집 글에 등장하는 대표적인 책. 두께에 질겁하고 소개 글을 보면 더 읽고 싶어지지 않은 책. 베르길리우스의 『아이네이스』를 읽고 생각이 바뀌었다. 아직 깊이 있는 독서를 못 하지만 이 책에서 전하는 메시지를 어렴풋이 알겠다. 삶에 대한 생각, 인간의 욕구, 정치 등 낮은 눈높이로 이해한 대서사시는 고전을 읽어야 할 이유를 또 한 번 느끼게 했다. 이제 호머의 책을 읽을 용기가 생긴다.

논어, 맹자, 도덕경, 중용 등 독서하는 사람들이 많이 읽는 고전을 보며 어렵다는 이미지를 지울 수 없다. 학창 시절 한자 시간에나 듣던 어휘, 고사성어에 지루할 것이라는 막연한 생각으로 멀리했다. 우연히 『마흔, 논어를 읽어야 할 시간』, 『오십, 중용이 필요한 시간』을 보면서 고개가 끄덕여지는 문장들을 만났다. 『월든』을 쓴 소로는 젊은 날의 소중한 시간을 바쳐 몇 마디나마 고전 어휘들을 공부하는 것이 충분한 가치가 있는 일, 영원한 암시와 자극을 줄 것이라고 했다. 아직도 어려울 것이라는 생각엔 변함이 없지만 언젠가 제대로 읽어야 할 이유를 찾는다.

책을 읽고 나도 모르게 자만심이 생긴다. 가족과 대화를 하다가 내가 알지 못하는 어떤 부분을 물어왔다. 태어나서 처음 들어본 그 말에 가족이 "그거 삼국지에 나오는 말인데, 초등학교 때 배우는 거야."라고 하는 것이다. 순간 얼굴이 빨개지고 어디론가 숨고 싶었다. 아무도 나의 무지를 비웃진 않았지만, 자만심으로 차올라있던 나를 돌아보게 했다. 상담에서의 '아무것도 알지 못한다.'라는 자세를 삶에서도 적용할 필요가 있다. 중요한 건 읽는 행위가 아니라 나에게 적용하며 나를 가꾸고 돌보는 것이다.

고전 안에는 가장 현대적인 질문에 대하여 아폴론 신의 신탁이나 제우스 신의 신탁도 밝히지 못한 해답들이 들어있다고 소로는 말한다. 독서 새싹인 현재의 나에게서 열매 맺기까지 많은 시간이 걸리겠지만 현재를 즐기며 읽고 쓰는 삶은 꼭 해답을 찾지 않더라도 의미 있는 시간이 될 것이다.

기호식품처럼 특정 분야의 책만 고집했다. 자칭 '문학소녀'였던 나는 시와 소설에 관심이 많다. 소설을 읽으며 작가가 인용한 책들에 관심이 생겼고 찾아 읽기 시작하며 다양한 영역의 책에도 관심을 가졌다. 아직도 편독하는 성향이 남아있지만 넓은 시야로 보려고 애쓴다. 일단 좋아하는 책부터 읽고 조금씩, 천천히 다가간다. 사귀고 싶은 친구에게 다가갈 때처럼.

선입견으로 주춤했던 책을 펼칠 시간이다.

6
느린 독서, 문장 씹기

– 정수영

    긴 세월을 믿고 의지했던 몇몇 어른들에게 큰 실망과 상처를 받은 적이 있다.
    사람은 위기의 순간에 본 모습이 드러난다 했다. 지긋한 나이에도 자기중심적인 사고에서 벗어나지 못하는 사람을 만났다. 상대의 입장을 헤아리고 배려하여 한 걸음 뒤로 물러서는 아량을 갖지 못했다. 사람이 나빠서라기보다 자신밖에 보지 못하는 유아적 사고 때문이었다. 잘살아온 것 같지 않았다. 성숙한 어른의 모습은 아니라는 생각이 들었다.

    인간 내면의 깊이와 영혼의 무게가 세월의 무게만큼, 먹은 나이만큼 비례하여 성숙해진다면 얼마나 좋을까?

그들을 보며 '적어도 나잇값은 하고 살아야겠다.'라고 생각했다. 내게 상처를 주긴 했어도 타산지석(他山之石)의 교훈을 주었기에 감사해야 할 사람이다. 나는 그들과는 다른, 성숙한 어른이 되고 싶었다. 좀 더 성숙한 인간이 되기 위해 책을 읽었다. 하지만 나이가 많다고 성숙한 어른이 못 되듯, 읽은 책이 많아진다고 성숙한 내가 되는 것은 아니었다. 한 권의 양서를 제대로 잘 읽어야 했다.

책을 좋아하긴 했으나 '제대로 된' 독서를 하지 않았다. 나의 독서는 이내 나태해지고 조금만 삶이 분주해지면 그 연결성이 끊어지기 일쑤였다. 주로 베스트셀러나 동기부여를 위한 자기 계발서 위주로 읽었다.

독서로 나는 얼마나 성장했을까? 왜 그간 나를 변화시키지 못했을까? 좀 더 잘, 제대로 읽고 싶었다. 내가 가치를 둘 수 있는, 스스로 인정하는 삶을 살고 싶었다. 인식, 분별, 통찰. 이런 멋진 단어들로 무장된 속이 단단한 나로 나이 들고 싶었다. 그러려면 어떤 책을, 어떻게 읽으면 될까?

그랬던 나에게 '제대로 된' 독서라 함은 아마도 고전을 읽기 시작하면서부터였으리라. '어떻게 하면'의 해답을 고전에서 찾기로 했다. 고전을 읽으며 어렴풋이 그 답을 알 수 있었다.

고전은 자기계발서를 읽는 것과는 확연히 달랐다. 작품의 충분한 이해를 위해서는 시대적 배경 지식이 필요했다. 시대별 정치, 문화, 종교, 역사에 대한 지식이 두루 필요했다. 고전을 읽으며 후회되는 두 가지가 있었다. 하나는 학교 다닐 때 국사와 세계사 공부를 열심히 하지 않은 것이고, 다른 하나는 학창 시절 그토록 열심히 전도하던 친구의 마음을 저버린 것이다.

역사와 성경에 대한 이해가 부족하니 기독교 문화가 반영된 역사서는 읽기는 해도 제대로 이해할 수 없었다. 성경을 메타포로 삼은 고전을 읽을 때는 해설서가 있었으면 했다.

이해를 돕기 위해 함께 읽을 사람이 필요했다. 그래서 고전 독서 모임에 들었다. 독서 모임에서는 한 권의 책을 여러 회차에 나누어 읽고 토론했다. 토론을 나누며 읽은 책과 혼자만의 독서로 읽은 책은 달랐다. 혼자 읽은 책은 읽은 것이 아니었다.

혼자 읽고 내용 파악이 되었다 해도, 토론으로 면밀히 살피지 않은 책은 그저 하나의 이론서에 불과했다. 사상과 경험에 빗댄 생각을 나누고, 다른 관점을 내 삶에 대입하고 적용했다. 혼자 읽으며 놓친 부분을 발견하기도 한다. 글과 문장이 다르게 보이고 사고의 영역이 확장된다. 함께 읽는 시간은 책을 되씹어 보는 시간이다. 나의 오독을 깨닫기도 하고, 알 듯 말 듯 어려웠던 문장을 이해하는 시간이기도 하다. 토론으로 함께 읽는 시간은 죽은 문장에 심폐소생으로 새 생명을 부여하는 시간이다.

아무리 몸에 좋은 음식이라도 천천히, 꼭꼭 씹어 먹어야 소화도 잘되고 흡수도 잘 된다. 초보 독서가인 내가, 소화력도 떨어지는 내가, 단시간 과식을 하고자 하는 욕심을 부렸음을 알 수 있었다. 너무도 급하게 대충 씹어서 삼켰다. 빨리 읽다 보니 제대로 못 보고, 제대로 이해하지 못했다. 꼭꼭 씹어 충분히 그 맛을 음미하지 못하고 삼킨 책들이 제대로 흡수되지 못해 읽고도 남는 것이 없었다.

물도 급하게 마시면 탈이 나듯이, 그런 책 읽기는 나를 키워내지 못한다. 독서가 주는 참된 의미를 맛볼 수 없다. 이해되지 못한 책이 감흥을 주기 만무하며, 감흥 없는 책 읽기는 오래 유지되지도, 나를 성장 시키지도 못한다.

토론으로 천천히 꼭꼭 씹어 먹는 독서를 권하고 싶다.

제6장

딜레땅뜨 독서, 나는 이렇게 읽는다

1. 다시 쓰는 책, 작가와의 공저–박혜정
2. 그냥 읽은 책–강주혜
3. 하루하루를 살다–김선황
4. 타인의 눈에서 나의 시선으로–빈경애
5. 책을 대하는 태도–윤정애
6. 나를 사랑하는 방법의 하나, 책 읽기–정수영

1
다시 쓰는 책, 작가와 공저

– 박혜정

"쌤, 책 좀 빌려주세요."

평소 카드를 먼저 내밀기를 좋아한다. 받는 것보다 주는 게 마음 편해서. 그런 내가 유일하게 먼저 내밀지 못하는 것, 세상 불편한 말, 책 빌려달라는 소리다.

"쌤, 미안. 대출은 도서관에서."

웃으며 거절했지만, 마음이 불편하다. 책 한 권이 뭐라고 이렇게 단번에 거절한단 말인가?

『월든』을 여러 번 읽었다는 소문이 났단다. 출판사·번역자가 다른 여러 버전의 『월든』을 가지고 있다는 이야기까지. 하, 다른 책도 아니고 하필 『월든』이다. 빌려달라는 말이 채 끝나기도 전에 거절할 수밖에 없다. 『월든』은 빌려줄 수 없다. 아니 『월든』이라 빌려줄 수 없다.

책을 신처럼 떠받들어 모신 때가 있었다. 손때 묻는 것이 싫어 책 읽기 전이면 손을 씻어야 했다. 출정 전 헤카톰베를 바치는 그리스인들처럼 경건하게 임하는 나만의 의식이었다. 그뿐이랴? 표지가 더러워지는 게 싫어 책 커버를 씌우기도 했고, 책을 읽으면 자연스레 생기는 세로 주름이 밉게 보여 책을 반만 펼쳐 훔쳐보듯 읽기도 했다.

어떤 책을 꺼내도 새 책 같은 느낌이 좋았다. 내 집 거실에 마련한 나만의 작은 서점. 그 기분을 좋아했다. 인터넷 쇼핑 후 언박싱하지 않은 택배들이 가득 쌓인 기분이랄까? 내가 주문했지만, 무엇이 들어있는지 상자를 뜯기 전까진 알 수 없다. 열어 볼 짬이 없을 만큼 바빠 쌓인 택배, 주말 저녁 드디어 오픈. 택배의 개수만큼 쌓인 설렘.

크리스마스에 산타클로스의 선물을 받은 아이처럼 신나게 택배를 뜯는다. 기쁨은 찰나. 순간의 행복은 서랍으로, 상자로, 창고로 사라져버린다. 귀하게 여긴 책 또한 마찬가지. 작가를 좋아해서, 추천을 받아서, 책 제목이 마음에 들어서, 표지가 예뻐서.

이유도 가지가지. 책장은 가득 찼는데 읽지 못한 책이 많다. 그럼에도 민음사, 문학동네, 을유문화사, 열린책들 등 이름난 출판사의 책이 팀을 이루어 존재감을 뽐내기 시작하면 빈 곳간에 양식을 채운 기분이다. 동일 작가의 책이 늘어나 긴 줄을 설 때면 늘어난 줄 만큼 작가와 친해진 기분이다. 이렇게 책으로 퍼즐 맞추기를 하는 것이 언박싱보다 즐겁다. 그림 보는 눈이 젬병이라 명화를 보는 것보다 감동적이다.

그렇게 몇 년이나 책을 모았을까? 거실 책장의 빈 곳이 책으로 가득 찼다. 안방에 책장을 들인다. 다시 수집. 그렇게 집 구석구석을 책으로 채우고 나니 집을 늘려 이사하지 않는 이상 책 모으기의 즐거움을 누릴 수 없다. 그때부터였던가? 읽지 않은 책들이 뜯지 않는 택배처럼 나를 기다리는 기분이다. 책을 읽다 보니 책을 사들이는 이유는 더 분명해지고 책 욕심은 더해 갔다. 이제부터는 속도전. 10여 년 동안 매해 2~300여 권의 책을 읽었다. 그동안 책의 장르도 변했고 모임도 늘었다. 읽은 책이 누적될수록 답답함이 해소될 줄 알았다. 명쾌해져야 할 머릿속은 읽은 책의 수가 늘어날수록 비 오기 직전의 하늘과 같다. 이어지는 폭우, 천둥과 번개. 책으로 듣는 쓴소리는 그 누구의 말보다 날카롭게 심장을 찔러댄다. 책으로 찾은 길, 또다시 책을 통해 나의 독서가 오답임을 확인받는다. 수백, 수천 년을 글로 살아 숨 쉬는 찐 독서광을 만나며 나는 비로소 책 읽는 사람이 아닌 수집가임을 알게 된다.

독서는 타인에게 자신의 생각을 떠넘기는 행위이다. 책을 읽는 동안 우리는 타인의 밟았던 생각의 과정을 더듬는 데 지나지 않는다. 글씨 쓰기 연습을 하는 학생이 선생이 연필로 그려준 선을 붓으로 따라가는 것과 비슷하다. 때문에 독서는 사물을 고찰하는 데 필요한 고통이 수반되지 않는다. 스스로 사색하는 작업을 중지하고, 독서로 정신의 자리를 옮길 때 우리의 마음이 평안해지는 것은 이 같은 고통이 사라졌기 때문이다.

쇼펜하우어의 책을 읽다 또다시 당하는 팩트 폭행. 지금껏 나는 모래사장 위를 미친 듯이 달리며 그저 다른 사람의 발자국만 좇았단 말인가?
아니라고 쇼펜하우어에게 칼을 뽑아 들이대 보지만, 그의 논리를 이길 수 없다. 읽을수록 작아지는 내 목소리. 큰 소리로 대들수록, 말을 할수록 구차하다. 앞뒤 따지지 않고 우겨대는 고집불통 할머니가 된 기분이다. 인정하기 싫지만 인정해야 할 때. 난 또 그렇게 지고 말았다. 깔끔하게 패배를 인정하고 보니 쌓인 책, 나보다 훨씬 먼저 책 읽기를 시작한 독서 선배들을 보며 스스로 등을 떠밀고 있었다. 늦게 시작한 독서인만큼 더 빨리 달려야 했다.

처음엔 몇 장 넘기기가 힘들더니 어느새 문장을 통째로 읽고 있다. 속도가 붙으니 바람을 가르며 달리는 기분에 더 내달려본다. 주위를 살필 겨를이 없다. 훑어내기에 급급했다. 독서인을 흉내 내기로 한 이상 그들의 다른 것도 따라 해야지. 밑줄도 시작되었고, 색 펜, 색연필, 인덱스도 등장했다. 필사 노트도 만들었다. 책을 통째로 옮긴 것도 있다. 족히 열 권은 넘는 듯하다. 하지만 이 또한 속도전이 되어 결국은 베껴 쓰기로 막을 내렸다.

다독의 결과로 만들어진 것이 바보라더니, 틈만 나면 손에 책을 드는 반복된 행위로 정신은 불구가 되어가고 있었다. 일 년에 2~300권씩 책을 읽은 것이 나의 유일한 자랑이었는데, 사색을 스스로 폐기처분한 꼴이 되고 말았다.

"두 번 읽을 가치가 없는 책은 한 번도 읽을 가치가 없다."

– 막스 베버

어디 이뿐이랴. 곱씹어 읽기, 느리게, 사색하기. 비슷한 이야기를 책에서 참 많이도 읽었는데 어쩜 그렇게 모두 피해버렸는지. 한 번 신경 쓰이기 시작한 글귀는 볼 때마다 나에게 압박을 가해 온다. 책장 끝마다 누가 바늘이라도 심어 놓은 걸까? 따끔따끔. 책장을 넘길 때마다 책장 끝에서 바늘이 느껴진다. 손가락 하나하나를 콕콕 찔러댄다.

이제는 한 번 읽은 책은 읽지 않은 것과 다름없다고 말한다. 더는 모른 체할 수 없어 시작한 다시 읽기. 읽었던 책이건만 낯설다. 놓쳤던, 주옥같은 문장이 차고 넘친다. 내가 왜 이걸 못 봤는지 나를 이해할 수 없다. 작가가 글로 빚어 놓은 예술품들이 여기저기 빽빽이 채워져 있다. 보물찾기하듯 문장을 캐다 보면 몇 시간을 읽고도 제자리인 경우가 있다. 특히 고전은 포도주처럼 시간을 더할수록, 내가 읽어낼 수 있는 눈을 장착할수록, 향과 맛이 진해진다. 그렇게 다시 읽기에 빠져들면서 여기저기 내 생각을 책 속에 흩뿌리기 시작했다. 책에 여백이 있는 이유는 쓰기 위해서라더니, 이제야 그 쓸모를 알게 되었다. 여기저기 남겨 둔 조각난 메모. 다시 읽으며 작가의 글과 나의 과거를 다시 읽는다. 다섯 번 이상 읽은 책들은 더는 그 작가만의 책이 아니다. 꿀벌은 밀랍으로 자기 세계를 짓고 인간은 말로 자신의 세계를 만든다지 않던가. 나의 언어로 다시 쓰인 책은 나의 과거와 현재, 미래의 생각과 언어를 품은 또 하나의 책이 된다. 거듭 읽으며 인생을 녹이고 고쳐 나만의 세계를 짓는다.

손과 눈과 머리, 시간과 삶이 동시에 활용되는 능동적 독서. 책이 지저분해질수록 머리가 맑아진다. 메모로 생각을 뱉어내고 새로운 사고를 촉진한다. 이제는 책을 읽기 위해 메모하는 것이 아니라 내 생각을 꺼내기 위해 책을 읽는다. 한 권의 책 읽기는 저자와 함께 하는 공동집필 과정이다.

2
그냥 읽은 책

−강주혜

'그냥 읽었다.'라고 말하는 게 맞다.

독서 모임에서 공저를 쓰자고 했을 때, 크게 걱정하지 않았다. 각 장의 주제를 정하며 대충 머릿속으로 평소 하는 것을 쓰면 되리라 생각했다. 평소 하는 것을 쓰려니, 쓸 말이 없다. 첫 장을 쓰면서부터 아무 생각 없이 책을 읽은 것이 들통나는 느낌이라고 할까, 무척 힘들다. 글쓰기가 아니라 글을 지어내고 있는 나를 발견하니, 부끄럽다. 책을 읽게 된 동기도, 목적도, 책을 읽으며 깨달은 것도 모호하고 막연하여 손에 잡히는 것이 하나도 없다. 이걸 어쩐다! 이유도 목적도 없이 꾸역꾸역 책을 읽었듯이, 그냥 꾸역꾸역 써보자. 그냥 쓰자!

흔히 아이를 키울 때 '콩나물 물 주듯' 해야 한다고 말한다. 물이 다 흘러 어쩌나 걱정해도, 어느새 그 물먹고 콩나물이 자라듯 아이도 자란다고. 독서도 '콩나물 물 주듯' 해야 욕심이 안 생긴다. 내가 읽은 책들은 '중성미자'처럼 내 속을 통과해버린다. 아무런 상호작용도 하지 않고 내 의식을 통과한다. '중성미자'의 존재는 밝혀졌으나, 어떤 작용을 하는지 아직 밝혀진 바가 없듯이, 내가 읽은 책들도 그렇게 나를 통과한다.

콩이 콩나물이 되기 위해서는 물에 불려 싹을 틔워야 한다. 콩을 물에 불리듯, 책 읽기도 책 읽는 재미에 빠뜨려 독서 습관의 싹을 틔우는 과정이 필요하다. 처음부터 어려운 책, 두꺼운 책을 읽으면 재미에 빠져들기 힘들다. 사람마다 '재미'를 느끼는 포인트가 다르니 그 재미는 스스로 찾아야 한다.

어린아이의 경우도 그 재미는 스스로 찾는 것이 중요하다. 싹을 틔우는 과정에 썩은 콩을 골라내는 작업이 필요하다. 썩은 콩을 고르는 과정에서 어설픈 어른의 눈으로 썩은 콩을 골라내지는 말자. 누가 봐도 썩은 콩은 골라야겠지만, 썩은 것 같은 콩 껍질 속에 건강한 콩이 있을지 누가 아는가!

콩에서 싹이 나기 시작했다면 겉면이 마르지 않도록 하루에 3~5번 정도의 물을 주어야 한다. 책 읽기도 마찬가지다. 책 읽기의 재미가 독서 습관으로 거듭나, 생활이 되려면 매일 책을 읽어야 한다. 관성의 법칙은 책 읽기에도 고스란히 적용된다. 책을 읽다 보면 계속 읽는 방향으로 가속이 붙으나, 한번 책에서 손을 놓아버리면 책을 읽지 않는 방향으로 가속이 붙어 책과 점점 멀어지는 것이 느껴진다. 매일, 매 순간 책을 읽을 수밖에 없는 이유다.

　사람들은 아주 잠깐의 틈에도 휴대폰을 본다. 초록 불을 기다리는 횡단보도 앞에서, 버스를 기다리는 정류소에서, 엘리베이터에서, 병원 대기실에서. 시외버스를 기다리는 대기 줄에서 책을 보는 내게 남편이 '뭐 그렇게까지'라는 눈빛을 보낸다. 왜 핸드폰을 보는 것은 당연하고 책을 읽으면 별스럽다고 생각하는 거지? 핸드폰을 보는 것과 책을 보는 것의 차이가 무엇인지 나는 모르겠다.

　독서는 온전히 혼자서 즐기는 놀이라고 생각했다. 혼자 읽어도 재미있으니 그것으로 충분했다. 어쩌다 같은 책을 읽은 이와 이야기를 나눌 기회가 있어도 그저 "그 책 재밌지요?"라며 간단한 감상 몇 마디만 서로 주고받는 데 그쳤다.

　육아휴직 중 우연히 '독서 모임'이라는 것이 있다는 것을 알게 되었다. 돌도 되지 않은 아이를 둔 늦깎이 엄마인 난, 무척 부러웠다. 시간의 흐름을 타고 아이는 자랐고, 난 자연스럽게 독서 모임 속으로 흘러 들어갔다.

독서 토론이라는 것을 하기 전의 책 읽기는 텔레비전을 보는 수준보다 약간 높았던 게 아닌가 싶다. 책을 읽으며 생각이라는 것을 하고 내 속에 무엇인가가 벅차오르며 쌓인다고 생각했다. 그 감동과 기억들이 내 속에 각인되어 있을 줄 알았다. 그건 착각을 넘어 오만이었다.

독서 토론을 통해 황홀경의 세계에 들어섰다. 책을 읽을 때 채 정리되지 않은 것들이 이야기를 나누며 정리되는 경험, 다른 생각들이 의식을 부수며 들어오는데 같은 책을 다른 버전으로 읽는 듯, 감동은 배가 되었다. 스쳐 지나갔던 문장들이 다른 이의 시선을 통해 살아나고, 내 생각에 다른 이의 생각이 보태어지며 날개를 달고 날아가는 듯했다. 콩나물 물 주듯 읽었던 책들이 독서 토론을 통해 한 뼘이 자란 것이 느껴졌다.

독서 토론이 주는 희열에도 불구하고 어려운 책은 여전히 어렵다. 마치 장님이 코끼리 다리 만지듯, 지적인 수준이 비슷한 우리는 작가가 말하고자 하는 것이 무엇인지 몰라 헤매기도 하고, 오독을 하기도 한다. 책 내용의 휘발성도 여전하다. 연말에 내년에 읽을 책을 고르는 과정에 재독, 삼독 하는 책들이 목록에 오르는 이유다. 어려워서, 재밌어서, 진한 감동에 다시 읽자며 재독 리스트에 쌓이는 책들도 점점 늘고 있다. 책을 읽고 시험을 치고 좋은 성적을 내야 하는 것이 아니기에 책 읽기는 재미가 되고, 여유가 생긴다.

전혜린 작가님은 책을 읽을 때 밑줄을 긋지 않았다고 한다. 책에 그은 밑줄을 통해 자신의 생각, 사상, 감정이 남에게 읽히는 것 같아 싫다셨던 글을 김점선 작가님의 책에서 읽은 뒤, 나도 한동안 책에 줄을 긋는 것이 꺼려졌다. 하지만 지금은 다르다. 내 생각이 남에게 읽히는 것을 문제 삼고 싶지 않다. 책을 읽는 그 순간, 내 생각과 사상, 감정이 어디로 흐르고 있는지 알 수 있기에 줄을 긋는다. 한 번 그은 밑줄을 다음에 또 그을지 어떨지는 아직 모른다. 생각과 사상과 감정은 현재 상황과 어우러져 흐르기에.

책에 밑줄을 긋는 걸로 부족해 필사까지 하게 되는 책들이 있다. 스쳐 지나가던 문장에 줄을 긋고 내 손으로 옮기다 보면 그 문장들이 새로이 나에게 다가온다. 작가가 쓴 글을 읽는 객체에서 내 손으로 문장을 옮기다 보면 주체가 되는 기분이다. 물론 책을 이해하는 깊이도 달라진다. 책 읽기로 어휘력과 문해력의 정도를 알 수 있다면, 필사로 맞춤법과 띄어쓰기의 실력이 드러난다. 초등학생과 받아쓰기를 해서 이길 자신이 없다. 즐거움에도 끝이 없듯, 배움에도 끝이 없다. 필사를 하며 사각사각 들리는 연필 소리의 낭만은 덤처럼 주어지는 선물이다.

박경리 작가님의 『토지』에서 절을 떠나는 길상이에게 했던 우관선사의 말이 생각난다.

"읽었던 글 다시 읽고 썼던 글 다시 쓰고 그러면 차츰 이치를 알게 되느니라."

백 권의 책을 읽은 사람은 많지만, 한 권의 책을 백 번 읽은 사람은 드물다. 세상의 이치를 깨닫는 길은 같은 책을 백 번 읽는 것만큼 힘든가 보다.

한 권의 책을 백 번 읽을 자신은 없다. 문득, 내 인생에 남아있는 날 동안, 한 편의 시를 백 번을 읽는 것은 가능하지 않을까 하는 생각이 든다.

그러니 오늘도 책을 읽을 수밖에.

3
하루하루를 살다
- 김선황

월요일.

06:00, 남편을 위해 알람은 소리 대신 진동으로 대신한다. 물 한 잔을 마시고, 책상에 앉는다. 어수선한 책상 위 물건들이 내 머릿속을 대변하는 것 같아 치우고 싶지만, 몇 분이 아쉬워 애써 모른 척한다. 저녁에 있을 『오딧세이아』 독서 모임을 대비해 아침 시간에 읽어둔다.

책을 읽기 시작하면서 주요 인물에게 동그라미를 하고 인상적인 표현들에는 밑줄 긋는다. 좋음의 강도가 세지면 표시한 연필 위에 노란색 색연필로 덧입힌다. 최근 일 년간 『그리스 로마 신화』를 세 번 정도 정독했는데도 인물이나 일화들이 잘 생각나지 않는다. 설명을 읽고서야, 아! 한다. 애써 나를 다독거린다.

오늘 독서 모임에서 하게 될 부분은 오딧세이아가 트로이 전쟁을 마무리하고 집으로 귀향하는 과정에서 모험한 이야기를 파이아케스족의 알키노오스에게 들려주는 부분이다. 생각하지 못한 부분을 리더님이 짚어주거나 다른 모둠원의 발제들을 들으면서 메모할 때는 주황색 색연필로 줄을 긋고 색이 있는 펜으로 메모한다. 역시 독서는 혼자 하는 것보다 함께 해야 하는 것이 훨씬 좋다. 책이 살아난다. 이제, 내일 독서 모임 준비를 시작한다.

화요일.

05:00, 어젯밤에 읽었던 책이 책상 위에 그대로 펼쳐져 있다. 화요일 새벽 독서 모임의 이번 주 도서는 임진왜란의 기록『징비록』이다. '징비'란『시경』「소비」편에 나오는 문장, "내가 징계해서 후환을 경계한다!"에서 유래한다. 서애 류성룡은 임진왜란의 현장 한가운데서 직접 체험한 전쟁을 교훈으로 삼아 앞으로 닥칠지 모르는 우환을 대비하기 위해 쓴 글이다. 먹먹하고 화가 나는 장면들을 볼 때마다 이게 소설이었으면 한다. 잊고 싶었을 치욕의 역사를 어떤 심정으로 써 내려갔을까, 류성룡의 마음을 짚어가며 읽는다. 이태원 압사와 맞물려 전쟁에서 죽어가는 이들의 명복에 애도를 표한다. 지금이나 과거에나 아까운 삶들을 어째

야 할지 모르겠다.

　07:00, 온라인 새벽 독서 토론(이하 독토)을 마치고 남편을 출근시키자마자 다시 책상 앞이다. 미술사 독토를 준비한다. 오늘은 대면 모임이다. 미술사 모임에서 만난 분들과 의기투합해 만들었다. 미술 지식과 미술관 순례 경험의 기억을 공유하는 재미가 있다. 후기 인상주의 화가들 부분은 조금 수월하다. 고갱은 말년에 자주 굶고 담배를 태우지 못할 정도로 가난했지만 자신이 택한 삶에 후회는 없다고 했다. 원시적이고 독특한 화풍을 창조해 낸 업적은 위대하나 개인사는 지나치게 인간적이었다는 생각이 들었다. 드가, 로크레인, 로댕 등의 미술 거장들을 함께 나누고 돌아오는 시간, 단풍이 참 곱다. 가을이 노랗고 빨갛게 더 익어간다.

　수요일

　06:50분, 목요일에 새벽과 오전 독서 모임을 준비해야 해서 일찍 일어나려 했다. 그러나 뇌는 완벽하게 게으를 수 있는 상황을 인지하고 있다. 알람과 씨름하다 일어난다. 어제 졸며 그어 삐뚤빼뚤 밑줄이 쳐진 알베르 카뮈『시지프 신화』를 폈다. 한 줄 넘어가기가 만만치 않다. 부조리에 대한 추론만으로 이렇게 길게 상념을 풀어내다니. 카뮈의 필력에 기가 찬다. 지난주에 카뮈

의 『이방인』을 읽고, 급하게 일정에 끼워 넣었는데 초독이라 그런지, 자꾸 끝을 헤아리게 된다. 그나마 다행인 건 내일의 도서 카를 융의 자서전 『기억 꿈 사상』은 어제 낮에 다 읽어뒀다는 거다. 융은 아직 낯설다. 보통 사람을 뛰어넘는 그의 예민한 성격이 심리분석에서 돋보인다. 남성성 안에 있는 여성성을 의미하는 아니마도 흥미롭다.

목요일

새벽 05:30분, 온라인 모임 카뮈의 『시지프 신화』로 시작한다. 몰입이 쉽지 않은 책이지만, 최선을 다해 읽어보기로 했다. 함께 하면 어쨌든 끝까지 읽어낼 수 있다.

아침 9:00, 『주홍 글자』를 챙겨 모임 장소로 간다. 에스프레소를 두 번 내려 들어갔다. 너새니얼 호손이 섬세하게 그려낸 헤스터의 심리들을 따라가다 보면, 남자 작가가 맞나 하는 생각이 든다. 작품 해설을 아직 읽지 못했다. 조금만 더 여운을 누린 다음, 찬찬히 해설도 읽어봐야겠다.

금요일

새벽 05:00분, 한국사 온라인 모임이 있다. 고려 시대 중기를 지나고 있는데, 모둠원들이 슬슬 외울 게 많아 복잡해진다고 말한다. 이를 감안해 일부러 사진 자료가 많고 한자 풀이도 잘 되어 있는 책을 골랐다. 성인이라도 학교 다닐 때 어렵게 느껴진 역사를 즐겁게 하려면 초등 수준부터 시작하는 게 좋다. 역사적 사실을 아는 것도 중요하다. 하지만, 옛사람이 살아낸 시대와 현대인들이 살아내는 시대에 나타나는 요소들이 무엇이 있으며 그를 통해 어떤 교훈을 얻을 수 있는지를 아는 것이 더 중요하다. 진짜 역사 공부는 사람 냄새를 느끼는 것이 아닐까? 나를 믿고 따라주는 '동고동락'의 역사 '동동이'들이 든든하다.

토요일

새벽 05:50분, 미약한 빛 아래에서 어제 한쪽에 챙겨둔 옷을 주섬주섬 읽고 조용히 안방을 빠져나온다. 헤드폰을 끼고, 『차라투스트라는 이렇게 말했다』가 든 가방을 등 뒤로 메고, 라디오를 켠다. 잠에서 깨어나는 도시의 냄새는 익숙하고도 자연스럽다.

니체 철학 도서 읽는 모임에 들어온 지 딱 일 년. 동네에서 놀다 시내 진출한 기분이다. 토요일 이른 아침의 독서 모임 분위기는 약간은 후끈하고 숨 막히지만 매혹적이다. 니체 다른 도서들을 줄줄이 읽고 『차라투스트라는 이렇게 말했다』를 진행하고 있는 선배님들 덕분이다. 매주 헤매고 있지만, 성실함으로 버티고 있다.

일요일

매주 하는 독서 모임 책들과 격주로 모이는 독서 모임 책들을 책상 위에 쌓아두고 우선순위를 정한다. 정확히는 제일 시간을 많이 들여야 할 것부터 집어 든다. 한 주간의 독서 루틴을 마무리하고 다시 시작하는 시간이다.

나만의 독서법은 사실 딱히 없다. 이중 삼중의 독서 모임 그물을 쳐 두고 필연적으로 읽게끔 만든다. 매일 매주 격주 모임에 나를 던져두는 것. 그게 내 독서법이라면 독서법이다. 현재 운영하는 독서 모임도 있고 참여하고 있는 독서 모임도 있다. 적은 분량은 아니지만 속독해도 되는 도서는 벼락치기로 전날 틈틈이 틈새 독서를 한다. 어떤 도서는 두세 달에 한 권, 어떤 도서는 매주 한 권을 읽는다. 모임에서 지정한 도서로 꾸준히 읽고 더 알고 싶은 것을 찾아 읽는다. 자신에게 맞는 방법을 찾아 읽는 것이 진짜 독서법이다. 단, 읽는 것을 멈추지 말아야 한다는 사실만은 고정값으로 정해야 한다. 어느 책에서 다음 인생이 기다리고 있을지 모른다는 기대감에 오늘도 독서는 계속된다.

4
타인의 눈에서 나의 시선으로

- 빈경애

    인문 고전을 펼쳤던 때가 있었다. 책이 읽히지 않았을뿐더러 독서에 대한 의욕마저 떨어뜨렸다. 인내심을 발휘해 끝까지 읽었더라도 뿌듯함보다는 무얼 말하는지 알 수 없어 허탈했다.

    그러다 다시 책을 찾았을 때는 육아로 지쳐있을 때였다. 무언가에 이끌리듯 아파트 작은 도서관으로 향했다. 육아서 종류가 많았지만 끌리는 책부터 시작했다. 책을 펼쳤는데 아니다 싶으면 다시 반납하고 마음에 드는 책은 끝까지 읽었다. 책을 읽는 자체가 목적이 아니라 필요에 의해 읽으니 끝까지 읽어야 한다는 부담감이 없었다.

    때로는 유튜브에서 본 '김미경의 북 드라마'나 다른 곳에서 추천해 주는 책을 골라 읽었다. 자기 계발서나 독서에 관한 책들이 많았다.

　책을 읽다 보면 본문에서 다른 책을 언급할 때가 있다. 그러면 그 책을 읽게 되고, 그 책은 또다시 다른 책을 부른다. 꼬리에 꼬리를 무는 독서를 하다 보면 읽어야 할 책이 많아진다. 꼬리물기 독서를 통해 쌓인 책 목록.
　그중에서 가장 읽고 싶은 책을 하나 고른다. 책을 읽다 또 다른 책을 만난다. 목록에 있던 책들은 순서가 한 칸 뒤로 밀린다. 밀린 책들은 살아남기도 하고 사라지기도 한다. 읽고 싶을 때를 놓치면 그 책을 언제 다시 만날지 모른다. 그래서 책을 미리 여러 권 주문하지 않는다.

　이러한 방식이 한동안 이루어지다 보니 어느새 인문 고전 책들이 한 권씩 늘어나게 되었다. 책을 선정하는 방식은 크게 달라지지 않았다. 하지만 이제는 책이 길게 줄을 서지 않는다. '양'에서 '질'로 조금씩 옮겨가는 중이다. 처음부터 깊이 팔 수 없어 우선 넓은 면적을 확보하기 위해 애를 썼다. 예전에는 이해하지 못했던 책, 시야가 넓어지니 지금은 재미있다.
　『그리스 로마 신화』가 영향을 많이 미쳤다. 고전 소설을 읽다 보면 신화 이야기가 많이 나온다. 물론 주석으로 잘 설명된 책들도 있지만, 주석을 보지 않아도 내용이 파악될 때의 감동은 이루 말할 수 없다. 신화 이야기를 다양하게 해석한 책을 보면 신화가 살아 움직이는 것 같다. 언젠가 나도 나만의 신화를 써보리라 꿈꿔 본다.

이제는 자기계발서를 읽지 않는다. 독서 토론을 하면서 수없이 나눈 이야기, 인문 고전이 곧 자기 계발서이다. 처음 자기계발서를 읽고 그들의 방식을 따라 해보려고 노력했지만 되지 않자 오히려 자책만 하게 되었다. '역시 난 부족한 사람인가 봐', '저 사람이니까 하는 거지'처럼 오히려 안 되는 사람과 되는 사람을 구분해 선을 그어버렸다. 내 옷이 아닌 그들의 옷을 입으려 했다. 내 몸에 맞게 내 손으로 지어 입어야 하는데, 맞지 않는 옷을 억지로 걸치자 우스꽝스러웠다. 오히려 자기계발서를 읽지 않고 나서야 자기 계발이 시작되었다.

자기계발서를 읽는 동안 얻은 것도 있다. 준비운동 없이 인문 고전이라는 산에 도전하다 실패를 했다. 다음 단계를 위한 준비 단계였으며 이것저것 시도해보며 시행착오로 단련을 시켰다. 내 수준에 맞는 책들이었고 필요한 과정이었다.

"그런 책은 도서관에서 빌려봐."

개구리 올챙이 적 생각 못 한다더니 불과 몇 개월 전 일이다. 중고서점에 같이 간 동생이 부동산 관련 책들을 몇 권 고르자 나도 모르게 내뱉은 말이다. 괜한 간섭이었다. 수명이 짧은 책을 사보는 것이 아깝기도 했고, 드디어 나의 시선이 생긴 것 같은 자만심에서 온 오만이었다. 말로는 쉬운 책, 좋아하는 책부터 보라고 해놓고는 말과 행동이 달랐다. 사람마다 지나야 할 단계가 있고 그 단계도 사람마다 다를 텐데 어설픈 충고를 하고 말았다. 지금 다시 그 시절로 돌아간다면 왜 그 책을 골랐냐고 물어보고 이야기를 나눌 수 있을 텐데.

지인의 권유로 블로그를 시작했다. 생각보다 시간이 걸리자 고민스러웠다. 그럼에도 장점이 컸기 때문에 해보기로 했다. 블로그에 글을 올리려면 책을 한 번 더 훑어봐야 한다. 그러면서 한 번 더 정리하게 되고 혼자서 좀 더 숙고해 보게 된다. 블로그는 노트보다 더 정성이 들어가고 글도 길어졌다. 그렇게 흔적을 남겨놓은 책들이 쌓이다 보니 나중에 쓴 글을 다시 볼 수 있어 좋았다.

칼 융의 『차라투스트라를 분석하다』라는 책이 있다. 융에도 관심이 많았고, 마침 니체의 책도 읽고 있었던 터라 그 책을 읽고 블로그에 글을 남겼다. 시간이 지나고 우연히 내 블로그에서 그 글을 읽었을 때 처음보다 훨씬 선명하게 보인다는 느낌을 받았다. 김 서린 안경을 닦고 보는 개운함 같은 것이랄까! 재독이 부담스러울 때 블로그 글을 통해 다시 기억을 소환할 수 있다. 그리고 일일이 책을 찾아서 보는 번거로움에 비해 블로그 검색은 간편하다. 이건 노트 활용보다 유용한 것 같다.

처음엔 도서관에서 거의 모든 책을 빌려보았다. 시간이 지나고 읽은 책들이 눈에 보이지 않자 아쉬운 책들이 하나씩 생겨났다. 그래서 몇 권의 책을 사보기 시작했다. 책에 밑줄을 긋고 글도 쓸 수 있으니 편하다. 특히 책을 다시 정리할 때 빌려온 책에 일일이 표시할 수 없는 불편함이 해소되었다.

다른 좋은 점은 책꽂이에 꽂힌 책 제목만 봐도 '저 책 속에는 이런 내용이 들어 있었지!' 하는 어떤 장면이 순식간에 지나간다. 재독을 할 때도 내가 읽은 책으로 다시 보는 것이 좋다. 아주 가끔 아이들이 책을 꺼내 보기도 한다.

이제는 다시 볼 책을 염두에 두고 구매한다. 책꽂이에 꽂힌 책 중 다시 볼 책을 따로 정리했다. 타인의 눈에서 나의 시선으로 옮겨가는 중이다.

5
책을 대하는 태도
- 윤정애

"고객님의 소중한 상품이 배송 예정입니다."

퇴근 후 문 앞에 도착한 택배 상자는 종일 주인을 기다렸다는 듯 반갑게 나를 맞이한다. 책이 도착한 날에는 귀가 후의 루틴을 잊고 먼저 칼을 찾아 상자나 비닐을 푼다. 작가에 대한 설명을 읽어 본 후 머리말이나 서문을 읽는다. 저녁 식사를 기다리는 가족의 성화에 못 이겨 일단 책장을 덮는다.

서문은 책에 대한 작가의 생각을 표현한 곳이라 독서를 시작할 때와 끝냈을 때 읽는 편이다. 서문을 읽고 본문으로 들어가는 데 시간의 여유를 둔다. 작가의 마음을 느끼며 어떤 글이 기다리고 있을지 추측하고 상상해보는 시간은 책을 즐기는 나만의 방법이다. 가끔 서문에서 받았던 인상과는 전혀 다른 내용으로 채워진 책들을 만나기도 하지만 보통은 그 느낌 그대로 이어진다.

본문으로 작가를 만나게 되면, 몰입한다. 책에 줄을 긋는 것이 싫었다. 책이 지저분해지는 걸 싫어하는 성향이어서 책 귀를 접는 것, 낙서하는 것이 용납되지 않았다. 눈으로 읽으며 온전히 작가의 말을 그대로 받아들이는 방법으로 읽는다. 다 읽은 후 여운이 남는 내용에 대해서 누군가와 이야기 나누고 싶은 마음이 간절할 때 블로그에 남긴다. 눈으로만 읽으니 어디, 어떤 대목이 좋았었는지 기억을 되살리는 데 한계가 있다. 페이지를 찾는 것도 한참 걸린다. 샤프 연필로 밑줄을 그어보기 시작했다. 떠오르는 생각을 메모도 해본다. 사각사각 종이에 써지는 느낌이 좋다. 메모하니 작가와 한 자리에서 대화를 하는 듯하여 더 생동감 있는 책 읽기가 된다. 흔적을 남기지 않던 독서 습관이 변하기 시작했다. 어떤 책, 어떤 구절을 인용하고 싶을 때 쉽게 떠오르지 않는다는 걸 경험한 후부터 좋은 구절은 노트에 옮겨 적기 시작했다. 가끔 들춰보는 독서 노트의 메모가 그날의 마음가짐을 갖게 하기도 한다. 옮겨놓은 글들을 보면 어떤 것에 중심을 두고 있는지 객관적으로 나를 바라보는 시간이 되기도 한다.

독서 모임에서 나누기 시작하면서 띠지를 사용한다. 중요한 부분, 나누고 싶은 내용을 표시하며 작가 대신 다양한 사람들과

의견을 주고받는다. 내 안에 갇혀 있는 생각이 고정관념이었거나 좁았다는 걸 확인하고 감사한 시간을 갖는다.

바쁜 일상에 책을 읽을 시간이 절대적으로 부족하다. 좋아서 읽기도 하지만 읽어야 할 전문서들도 많다. 밤을 이용하니 피곤한 날은 건너뛰게 되고 일정하지 않았다. 책은 매일 읽어야 한다. 아침 시간으로 루틴을 정했다. 일어나서 한 시간, 무조건 독서 하는 시간으로 정해 놓으니 습관이 되었다. 오프라인 독서 모임과 온라인 독서 모임의 시간을 겹치지 않게 정해서 꾸준히 읽을 수 있도록 나름의 시스템을 만들었다. 습관만으로는 잘 실천되지 않아 읽을 수밖에 없도록 시스템을 만드니 저절로 읽게 되었다. 온라인 독서 모임은 리더이기 때문에 읽지 않을 수 없다. 오프라인 독서 모임에서는 읽지 않으면 모임 동안 할 말이 없기에 읽고 참여할 수밖에 없다. 4주 동안 독서 모임을 하고 5주가 있는 달에는 평소 읽고 싶어 쟁여두었던 책을 읽는다. 독서 모임 책은 나눠야 하니 약간의 부담이 있지만 혼자 읽는 책은 나눔의 기쁨은 없지만 사색하고 즐기는 재미, 시간에 쫓기지 않고 즐기는 여유가 있다.

독서로 삶의 의미와 재미를 찾았다. 나만의 독서법을 내세울

만큼 특별한 건 없다. 내키는 대로, 좋아하는 대로, 읽히는 대로 읽어보자. 그러고 나면 책 읽기도 아이들의 발달단계처럼 한 계단씩 스스로 깨달으며 성장하는 단계를 밟아나갈 것이다. 아직 하수의 책 읽기를 하고 있지만, 남들과 비교하지 않고 어제의 나와 달라진 나를 비교하며 만족하는 독서 생활을 하고 있다.

책 읽는 취미를 권하고 싶다. 책 모임에 나가보자. 어색할 것 같지만 어제 만난 사람처럼 편안함을 느낄 수 있다. 남편, 자식 이야기를 빼고도 할 이야기가 넘친다. 뒷담화 없는 유익한 대화를 즐길 수 있다. 오롯이 나로서만 존재함을 느끼고 자존감을 올릴 수 있다. 무슨 일을 하는 사람, 누구네 엄마, 아내, 며느리, 딸, 아줌마가 아닌 내 이름 석 자에 어떤 수식어도 붙지 않는 나를 만난다.

명품 가방, 신상 의류, 유행 따라가기는 오래전 관심 밖이 되었다. 인터넷 서점에서 주는 할인 쿠폰, 이벤트 쿠폰, 주말 쿠폰으로 싼 가격에 책을 구매할 때 대한민국 아줌마의 심리가 작동한다. 행복하다. 천 원으로 푸짐한 찬을 준비했을 때와 같은 행복이다.

6
나를 사랑하는 방법의 하나, 책 읽기
-정수영

"우물쭈물하다 내 이럴 줄 알았다"

조지 버나드 쇼의 묘비에 새겨진 글이다. 아일랜드 출신의 영국 극작가 겸 소설가, 비평가인 조지 버나드 쇼, 그의 삶의 태도에 대한 희극적인 표현의 묘비명이 언젠가 내 가슴을 뜨끔하게 했다.

'우물쭈물'이라는 표현이 그랬다. 인생을 함축한 교훈이 담겨 있는 듯했다. 시의적절, 그때의 나에게 적합한 표현이다.

나는 '진지하고 생각이 많다.'라는 소리를 자주 듣는다. 좋게 해석하면 신중하거나 숙고한다고 할 수 있지만, 대부분은 '지나치다.'라는 의미를 담고 있어 칭찬으로 들릴 때는 별로 없다. 자주 듣다 보니 '나는 왜 그럴까?' 스스로를 자책하게 된다.

나의 심리를 분석하기 시작했다. 심리를 다룬 책을 많이 찾아 읽었다. 재미도 있었다. 책 속의 이야기가 내 이야기 같을 때는 관념적인 내용도 이해가 쉬웠다. 나의 심리가 파악되고 원인이 분석되면 해결책을 얻지 않아도 가슴이 벅찼다.

읽을 책을 고를 때, 그때의 관심사나 처한 상황과 비슷한 책을 읽었다. 하지만 독서를 매번 그리 할 수만은 없는 일이다. 고전을 읽거나 철학적 이론을 기반으로 한 책을 읽어야 할 때도 많다. 한꺼번에 여러 장르로, 서너 권을 동시에 읽는 경우도 있다. 다소 인내가 필요하거나 딱딱한 책 읽기를 해야 하는 경우 가끔 기분 전환이 필요하다. 무거운 책을 읽다가 지칠 때쯤에는 내 성향에 끌리는 책을 읽는다. 한 권의 책을 완독 후 다음 책을 읽기로 한다면 독서 자체가 단절되었을지도 모르겠다. 어렵거나 무거운 책은 자주 멈추게 되고 그것을 다시 펼치는 것은 어려웠을 테니까.

피곤하거나 정신적 스트레스가 있을 때는 휴식이 되거나 마음이 환기되는 가벼운 책을 읽는다. 그렇게 읽고 나면 힐링 된 마음이 난해한 그 책을 다시 읽을 수 있도록 에너지를 북돋는다.

불면증이 있을 때는 잠들기 전 내용이 무겁거나 집중을 요하는 책을 읽기도 한다. 그런 책은 어렵고 지루하게 느껴져 몰입되지 않고, 읽다 보면 나도 모르게 졸리기 시작한다. 그때는 즉시 스탠드를 끄고, 잠 속으로 빠져든다.

고전을 읽다 보면, '고전이 왜 고전인지 알겠다.'라는 말을 자주 하게 된다. 두 번, 세 번, 책을 읽는 횟수만큼 감흥이 커진다. 줄을 그으며 읽다 보면 멋진 문구가 많아 나중에는 한 페이지 모두를 줄긋기도 한다. 밑줄 그은 부분 중에서도 특히 감동적이고 다시 읽고 싶다고 생각되는 부분에는 인덱스 테이프를 붙인다. 그중에서도 내가 삶에 적용해야 할 글귀는 구분하여 더 진한 색의 인덱스 테이프를 부착한다. 한 권의 책을 다 읽고 나면 내가 적용해야 할 문구에 붙인 글귀만 따로 책의 맨 앞장이나 뒷장에 정리해 놓기도 한다.

독서에 집중이 되지 않는 이런 때는, 읽었던 책 중에서 감흥이 깊었던 책을 재독 한다. 모든 책이 재독, 삼 회독이 되면 좋겠지만 다른 읽을거리가 밀렸거나, 분량이 많아 부담스럽다. 그래서 밑줄 친 부분만을 재독하거나, 그마저도 여의치 않으면 인덱스 테이프가 부착된 글귀만을 읽는다. 재독을 하게 되면 처음 읽을 때보다 시간과 경험이 녹아 더 잘 이해하게 되고 울림은 커진다. "한 번 읽은 책은 읽은 것이 아니다."라는 말의 의미를 온몸으로 느낄 수 있다. 그때 읽은 책의 감흥은 더 커져 나를 변화시키는 힘이 된다.

재독으로 가슴에 스며든 문장은 필사하면 잘 잊히지 않는다. 반복해서 읽고 필사한 글, 감흥 깊어 몇 번이나 가슴속을 도끼질한 문장은 뇌리에 남아서 맴돈다. 결국 반복 학습이 최고란 것을 독서에서도 느낀다. 그렇게 해야 진정한 내 생각이 되고, 생각이 행동으로 변화하게 이끈다.

나에게 꼭 적용될 만한 글귀나 되새겨 볼 만한 문장은 초서 쓰기를 한다. 줄을 긋거나 인덱스 테이프로 표시한 부분을 필사하고, 내 생각과 느낌을 정리해 간다. 초서 쓰기는 글쓰기 능력 향상에도 많은 도움이 된다.

필사와 초서 쓰기로 정리된 노트는 심란하거나 불안해진 나의 마음을 다잡아 주는 단단한 병기가 되었다. 나에게 이 필사 노트는 보물이다. 이 노트들은 지금도 그렇지만, 나이가 많이 들어서도 주기적으로 꺼내어 읽게 될 듯하다. 나의 책장 한 칸은 이 필사 노트로 채워져 있다. 딸아이가 한 번 그것을 본 적이 있었다. 나는 그 노트들의 의미를 말해주고 나중 유산으로 딸아이에게 남겨 주겠노라 약속했다.

요즈음은 손 글씨보다 블로그나 밴드 등 SNS에 후기나 서평으로 올리기도 한다. 개인적으로 공유의 목적이나 특수한 목적이 있지 않다면, 오롯이 새기며 나를 채우기 위한 것이라면, 손으로 천천히 써 보는 것을 선호한다. 손 글씨는 분명 가슴과 뇌를 파고드는 힘이 크기 때문이다.

'인생은 실전이다.'라며 책 속의 이론과 지식에 편향된 삶을 우려하는 말을 듣기도 한다. 지행합일(知行合一). 책의 함정에 빠져 삶을 잊은 독자를 향한 애정의 목소리이리라. 하지만 이런 말로 인해 독서가 하향 평가되는 것은 마음이 아프다.

행동이 개선되면 가장 좋고, 이상적인 독서다. 하지만 행동의 변화는 생각이 변한 후에 일어나는 과정이다. 매사 우물쭈물, 이러지도 저러지도 못하며 결단력 약했던 나에게 긍정적인 생각의 변화는 행동을 위한 든든한 디딤돌이 되었다. 주관과 가치가 생겼다. 마음에 근육이 붙기 시작했다. 꾸준한 독서가 준 선물이다.

나를 사랑한다.
일신우일신(日新又日新). 꾸준히 읽고, 나날이 생각과 행동이 변화하는 삶, 그것은 나를 사랑하는 하나의 방법이다.

제7장

책, 삶의 바탕이 되다

1. 모순적 삶의 태도-박혜정
2. 멈추시오-강주혜
3. 순간을 박제하다-김선황
4. 등불이 되어주는 독서-빈경애
5. 어제의 나, 오늘의 나-윤정애
6. 향유 독서-정수영

1
모순적 삶의 태도

-박혜정

'불안을 사랑하라.'
'두려움에 익숙해져라.'
'모순을 즐겨라.'
'자신을 경멸하라.'

 어디서 개가 짖는 줄 알았다. 진리만 이야기하는 게 책인 줄 알았더니 이 무슨 허무맹랑한 소리던가? 불안을 없애고 두려움을 이기려고, 모순을 만들지 않고 명확한 답을 내기 원해 책을 펼쳤다. 나에 대한 믿음이 부족해 위로를 받고 싶었는데 나를 경멸하라니. 미친놈이 지껄이는 이상한 책을 만났다. 지옥과 천국을 오가게 하는 책, 세상에 망치질하기를 좋아한다는 그.

'그래, 영화에서 도끼나 망치 같은 무기를 든 놈들은 악마였어.'

평화로운 세상에 말 씨앗을 뿌려 혼돈의 싹을 틔우고, 기어코 카오스라는 나무를 키워 낸 불행의 씨앗. 뱀과 같은 루시퍼라 생각했다.

한 권의 책으로 시작된 독서 모임. 1년 반이 지났다. 얼마 전 반환점을 돌았다. 남은 분량은 절반이지만 되돌아가는 시간은 몇 곱절 더 걸릴 것 같다.

낯선 길이었다. 완독이라는 목적지를 향해 무작정 걸어나가기만 하면 됐다. 걷다 보니 자꾸만 마주치는 얼굴. 한 페이지 한 페이지 넘길 때마다 만나던 낯선 사람들이 이제 아는 얼굴이 되었다. 서로에게 이방인이었을 땐 지나칠 수 있었지만, 이제는 아는 얼굴들. 골목을 꺾을 때마다 누군가를 만난다.

'저 사람이 누구였더라? 어디서 봤지?'

얼른 머릿속을 더듬어 본다. 알 듯 말 듯 어설픈 눈인사와 웃음으로 지나치기도 하지만, 가끔은 붙들려 종일 수다를 떨기도 한다. 걸을수록 아는 사람이 많아지는 길, 해가 갈수록 책 읽는 속도가 느려지는 이유다.

느린 독서 덕분에 나만의 언어가 없다는 것을 알았다. 듣고 배우며 훔쳐 쓴 말로 평생을 살았다. 읽고 배웠다면 육화된 삶으로 열매를 맺어야 했는데 그렇지 못하니 다른 사람들의 언어를 빌려 쓸 수밖에. 그러니 긍정·희망·봉사는 좋은 것이고, 부정·불안·이기는 나쁜 것이 된다. 함께 읽고 곱씹어 되새김질하고, 가끔은 멈추어 종일 떠든 수다 덕분에 자기 경멸 속에 탄생이 있고, 불안과 두려움 속에 기회와 성장이 있음을 알게 되었다.

미래를 예측할 수 없기에 행복은 더 크게 다가오고 불행은 감당할 수 있는 존재가 된다.

행복은 예측할 수 없는 뜻밖의 상황에서 기대 이상의 무언가를 얻었을 때 찾아온다. 이미 미래를 예측할 수 있다면 기대감이 사라진 상황에서 행복은 반감될 수밖에 없다. 행복은 보상의 크기에 비례하지 않고 기대와의 차이에서 비롯된다. 따라서 미래를 알 수 있다면 행복도 사라질 것이다. 반면 불행을 미리 알 수 있다면 그 크기는 엄청날 것이다. 불행이 닥친다는 사실을 몰랐을 때는 견디고 감내하지만, 예고된 불행은 알게 된 그 순간 실제보다 더 큰 걱정과 두려움을 몰고 온다.

연말이면 점을 보러 가는 사람들을 경멸했다. 자신의 삶을 누구에게 묻는 것이냐며 노예라 손가락질했다. 이제는 알아차릴 만도 하건만 시간과 장소, 배경이 조금만 바뀌면 제자리걸음, 결국 또 내 이야기임을 알게 된다. 미신과 징크스는 싫어하며 미래의 불안과 모순은 통제하고 싶은 아이러니. 반복되는 실수. 노래가 절로 나온다. 나의 시그널 송이라 해야 하나?
 '나는 멍청이'

 인생은 알 수 없기에, 미래를 예측할 수 없기에 흥미진진하고 견딜만한 탐험이 된다. 중요한 것은 '삶의 태도'이다. 과학자들이 지향했던 회의주의자의 자세를 닮아보려 한다.
 과학적인 사고란 나와 내 주위 사람이 경험한 일화와 사회에서 반복적으로 일어나는 통계를 구별하는 능력에서 출발한다. 어떤 일이 실제로 반복되고 그 일이 발생할 만한 개연성을 이해하게 됐을 때 비로소 존재하는 것이라고 믿는 태도, 내가 우연히나 혼자만 아주 특별한 체험을 했다고 해서 그것을 일반화하지 않는 태도, 이것이 과학적인 태도의 출발이다. 어떤 것도 쉽게 믿지 않고, 원인과 결과의 관계를 생각해 보려 애쓰는 태도, 근거를 중심으로 판단하고, 항상 틀릴 수 있다는 열린 태도의 과학적 회의주의자. 세상을 바꾼 많은 과학자가 회의주의자였다.

하나의 사건, 경험, 일화를 곧바로 증거라 받아들이지 않아야 한다. 우연의 일치에 지나치게 의미를 부여해서도 안 된다. 원인과 결과의 관계를 명확히 해야 한다. 때론 명확한 관계도 의심해야 한다. 사회 현상은 다양한 사람들이 영향을 미치기 때문이다. 세상은 그렇게 단순하게 운행되지 않는다.

사랑과 경멸, 불안과 안정, 카오스와 코스모스. 상충하는 두 가지 욕구 사이에 절묘한 균형이 필요하다. 앞에 놓인 가설들을 회의적으로 검토하는 것과 동시에 새로운 생각에도 크게 마음을 열어야 한다. 가볍다 싶을 정도로 지나치게 마음을 열면 가치 있는 생각과 가치 없는 생각을 구분하지 못하게 되고, 무작정 의심하기만 하면 어떤 새로운 생각도 보듬지 못하기 때문이다.

삶은 모순적으로 보이는 두 가지 태도를 모두 필요로 한다. 이런 태도를 갖춘 사람은 자신을 성숙한 삶으로 이끈다. 고정관념에 사로잡히지 않고 편견에 빠지지 않는다. 세상을 냉정하게 바라보고 새로운 생각을 받아들인다. 주어진 삶이 아닌 자신의 말로 세상을 새롭게 정의한다. 꼼꼼히 의심하는 동시에 어떤 것도 가능하다는 열린 태도를 함께 취하는 것, 내가 살아가며 마지막 순간까지 견지해야 할 삶의 태도이다.

2
멈추시오

―강주혜

　호랑이가 으르렁거리며 달려들 준비를 하듯, 책들이 나를 향해 으르릉대고 있다. 언젠가부터 책은 '읽어 내야 할 책들'이 되어 내 앞에 줄을 서기 시작하더니 급기야 나를 향해 달려들 기세다. 빈 수레가 요란하고 가진 것이 없을수록 화려하게 꾸민다더니 틀린 말이 아니었다. 자존감이 낮은 사람일수록 자존심을 내세우듯, 나의 부족한 부분을 감추려는 듯 독서 모임의 수를 앞세우기 시작했다. 독서가 순수한 목적을 상실하고 허영의 길로 접어든 것이다.

　과유불급. 누구나 다 아는 이야기, 쌀로 밥 짓는 것만큼 당연한 이야기를 할 수밖에 없다. 좋아하는 것을 욕심부리지 않고,

적당히 취하는 것이 어디 말처럼 쉬운 일이던가!

혼자서는 읽어 낼 자신이 없는 책들을 같이 읽자기에 덥석 물어버린 독서 모임, 평소 읽고 싶었던 대하소설을 읽는다기에 묻고 따지지도 않고 뛰어든 독서 모임, 책장 속에 잠자고 있는 두꺼운 책들을 읽어보자며 시작한 독서 모임, 야금야금 매일 조금씩 읽는다기에 부담이 없을 것 같아 가벼운 마음으로 참가한 독서 모임 등 독서 모임의 수가 점점 늘기 시작했다. 코로나 19 이후 오프라인 독서 토론보다 시간과 공간의 제약을 덜 받는 온라인 독서 모임이 활성화되기 시작한 것도 한몫했다. 발을 걸치고 있는 독서 관련 단톡방이 9개가 되는 순간 으르릉거리던 책들은 나를 향해 달려들었다. 사실을 말하자면 참가하고 싶은 독서 모임은 더 많았으나 나름 절제한 것이 9개였다. 달력엔 독서 모임 시간표와 더불어 매일 읽어 내야 할 책들이 빼곡히 들어찼다. 중간에 다른 일이 끼어들면 낭패였다. 딸의 학교생활을 챙길 시간도, 친구와 차 한 잔 나눌 시간도, 가족과의 여유 있는 저녁 식사 시간도 없었다. 독서 토론 전에 책을 다 읽어 내지 못하면 밤을 새우고 책을 읽었다.

책을 많이 읽는 것과 읽을 책들이 많이 밀려 있다는 것은 다르다. 밀려 있는 책들, 읽어 내야 할 책들을 쫓기듯 읽으니 생각이 고일 틈이 없다. 생각이 고이지 않으니, 책의 행간에 숨어있는 알곡들이 말라 쭉정이가 되어버렸다. 책을 읽고 생각이 고일 틈도 없이 토론에서 퍼 올리려니, 채 한 바가지도 퍼 올릴 것이 없다. 퍼 올릴 생각이 없으니 했던 말을 반복하게 된다. 책을 많이 읽는 것이 무슨 의미가 있는가! 뭔가 삐걱대기 시작했다.

남편과 아이는 책을 읽는 것은 좋은 것이고 하고 싶긴 하나 말처럼 잘 안 되기에, 책을 읽는 나를 은근히 자랑스러워했다. 그들은 아무 말을 하지 않음으로 응원과 지지를 보냈었다. 잠들기 전에 보았던, '책을 읽고 있는 나의 뒷모습'을 아침에 일어나자마자 또 보게 되는 날엔 대체 잠은 언제 자냐며 나에 대한 걱정을 불만에 찬 말투로 하기 시작했다. 책을 읽는 행동이 가족 간의 화목을 위협하는 행동으로 변질되어 가고 있다는 생각이 어렴풋이 들었다.

결국 일이 터졌다. 어쩌다 보니, 한주 내내 독서 토론을 하게 되었다. 월요일부터 토요일까지 독서 토론을 했고, 아무 생각 없이 일요일 저녁에도 독서 토론 준비를 하고 있었다.
"엄마의 독서 모임에 대해 생각을 좀 해야겠어!"
딸은 낮은 목소리로 툭 하고 내뱉었다.

그날 처음으로 독서 토론에 빠졌다.

요즘 유행하는 말처럼, 난 선을 넘었고, 이미 그 사실을 인지하고 있었다. '뭣이 중헌디, 뭣이 중허냐고!'라는 영화 속 대사가 내 속에 울리고 있을 때였다. 독서 모임을 줄여야 한다고 말은 하면서 그만두고 싶은 독서 모임이 하나도 없었다. 무엇보다 내가 좋아 시작한 독서 모임을, 단지 책을 읽어 내기 버겁다는 이유로 그만두고 싶지 않았다. 백기를 들고 항복하는 기분이 들었다.

딸의 말은 브레이크가 고장 난 자전거를 타고 비틀거리며 가고 있는 나를 상처 하나 없이 자전거에서 내리게 했다. 아이의 말은 작고 낮았지만, 그 어떤 소리보다 크게 내 고막을 흔들었다. 열여덟 글자에 불과한 아이의 말은 천 팔백 자보다 더 많은 말을 내게 했다. 아이의 말이 거인처럼 커지더니 고장 난 자전거를 막아섰다. 아이의 말에 부딪힌 자전거는 그제야 멈추었다.

브레이크가 고장 난 자전거에서 내리려면 내가 조금만 다치면 된다. 난 내가 다치는 게 싫었다. 누군가 비틀거리는 자전거 앞을 가로 막고 서 주기를 내심 바라고 있었는지도 모르겠다.

남편이 화를 내며 독서 모임을 줄이라고 했다면, 같이 화를 내며 절대 그만두지 않았을지 모른다. 아이가 떼를 쓰며 독서 모임을 그만두라고 했다면 아이의 비위를 맞추며 달랬을 수도 있다. 아이의 무표정과 모노톤의 목소리는 눈을 똑바로 뜨고 주위를 둘

러보라며 나를 흔들었다.

  아이와의 일을 독서 모임 회원들에게 이야기했다. 우리는 엄마였으며, 책보다 가정의 평화가 중요하다는 사실을 알고 있었다. 어떠한 상황에서도 책을 다 읽어 낼 수 있지만, 어쩔 수 없이 독서 모임을 줄일 수밖에 없는 모양새가 갖추어졌다. 교활한 여우처럼 아이의 말을 덥석 물어 꿀꺽 삼켰다. 얼마나 그럴듯한 핑곗거리인가!

  독서 모임이 반으로 줄었다. 지난 주말에는 딸과 함께 부산 깡통시장에 갔다. 국제시장 꽃분이네 집도 보고 전국 3대 떡볶이 맛집이란 곳에서 떡볶이를 먹었다. 오늘은 창원 성주사 단풍 아래에서 친구와 커피를 마셨다. 저녁에 밥을 먹으며 남편이 틀어 놓은 텔레비전을 보며 박장대소를 했다. 불과 얼마 전만 해도 남 낚시한 것 왜 구경하냐며 투덜댔던 기억이 난다.

  독서 토론 시간이 다가오자 남편과 아이가 나를 위해 커피를 내리고 잠잘 준비를 한다. 모든 동작이 익숙하고 자연스럽다. 삐걱거리는 소리가 나지 않아 마음이 편하다.

  책을 읽어야 생각이 고이는 줄 알았다. 책을 읽고 생각이 고일 시간이 없다고 생각했다. 책을 읽고 고이는 생각과 일상을 살아가면서 고여든 생각은 질과 양이 다르다는 것을 미처 몰랐다. 책으로 고인 생각만으로 현실을 살아내기가 쉽지 않고, 일상으로 고여든 생각만으로 꿈과 이상을 향해 나아가기도 녹록지 않다. 조화와 균형이 필요하다. 책을 읽을 게 아니라 일상을 살아내야 한다. 그 일상 속에 책 읽기가 녹아있어야 한다. 이러한 일상에 일상이 더해져 결국 삶은, 책 읽기가 스며있는 하루 위에 자신을 펼쳐 놓을 수 있으리라.

그러니 오늘도 책을 읽을 수밖에!

3
순간을 박제하다
— 김선황

"순간을 박제할 수 있게 만드는 것, 이것이 첫 번째 독서다."

'착하다'는 '언행이나 마음씨가 곱고 바르며 상냥하다'라는 형용사이다.

국어문법, 글쓰기에 관한 책이 아니더라도 대부분의 책은 언어가 곱다. '대부분'이라고 하는 것은 살아있는 구어체(비속어)가 고스란히 담긴 책들도 있기 때문이다. 좋은 책에 담긴 예쁜 언어들을 두뇌에 저장하고 입술에도 장착한다. 그것들이 체화되면 비로소 '언'과 '행'이 고와진다.

책은 대체로 마음씨도 곱다. 일상에서 벗어나고 싶은 이들을 위해 친절하게 여행 계획을 공유하고 맛집 정보를 알려준다. 눈에 확 들어올 포토존이 어디인지 사진으로 직접 보여 주기도 하고, 비용을 정산해 주기도 하며 숙박은 여러 군데 링크를 걸어둔다. 인간관계에서 힘들어할 때, 일에 자신감을 잃어갈 때 심리 관련 도서들은 위로가 된다. 열심히 삶을 살아야 한다는 조언도 있고, 굳이 잘하려 애쓰지 말라는 시크한 조언도 있다. 그래서 책은 착하다.

이른 사춘기부터 시작된 독서는 '현실의 나'를 잊게 해 주었다. 책으로 자존감을 배웠다. 그로 인해 희미했던 내 존재에 가느다란 윤곽선이 생기기 시작했고 흐릿한 영혼에 색이 메워지기 시작했다. 책을 읽고 있는 그 순간만큼은 난 고고한 주연이기도 했고 빛나는 조연이기도 했다. 습자지 위로 보이는 희미하게 비치는 연필 자국 같던 나를 선명히 끌어당겨 위로해 주던 책들을 떠올리면 지금도 그 순간의 생생한 감각들이 떠오른다. 그곳의 조명과 습도, 공기 중에 떠도는 냄새까지도 잡을 수 있을 듯하다.
한 장 넘길 때마다 숨은 멎는 순간도 있고 손가락이 바쁘게 다음 장을 넘기는 때도 있다. 뒷장이 무지 궁금해지는 입체북 같다. 나를 감동시키는 착한 순간들을 박제해 기억 저편에 간직한다. 그리고 언제든 충전이 필요할 때마다 꺼내 무용과 유용의 경계를 넘나들며 아름답게 사용할 수 있는 것, 그것이 독서다.

"일상의 중력을 벗어나 행복하게 하는 것, 이것이 두 번째 독서다."

방영 시작 후 점점 시청률이 상승해 화제가 된 〈나의 해방일지〉라는 드라마가 있었다. 한동안 입소문을 탔던 드라마라 초록창에 "나의 해방일지"를 검색했다. '견딜 수 없이 촌스런 삼 남매의 견딜 수 없이 사랑스러운 행복소생기'라는 소개 문구가 떠 있다. 단조로운 일상에서 나름의 특별한 성취와 자유를 찾아간다는 이야기라고 한다. 드라마를 보지 않아 내용은 잘 모르지만, '해방일지'라는 제목에 오래 눈길이 갔었다.

휘리릭 책장 넘어가듯 하루가 휙 다가왔다 휙 지나간다. 책장과 책장 사이, '해방'이라는 단어만 봐도 심장박동은 널을 뛴다. 매일 평범하게 찾아오는 삶이 얼마나 감사한지는 평범을 잃어본 사람만이 안다. 나 역시 건강 문제로 마음앓이를 심하게 했던 경험이 있다. 하루하루의 삶이 정해진 루틴대로 지내는 것에 만족하지만 '해방'이라는 단어에 가슴이 뛰는 것은 '일탈'이 주는 짜릿함을 꿈꾸기 때문일 것이다. 꿈을 일상으로 만드는 것은 쉽지 않을 것이다. 그래도 가까운 미래에 언제든지 '해방선언'할 것을 기대하며 책을 읽는다. 장르를 편식하지 않고 읽기 속도를 조절해

가며 책의 맛을 음미한다.

　인문학은 사색을 하게 해서, 여행기는 자유로움과 풍경, 맛, 스토리가 있어서 좋다. '~사'가 들어가는 다양한 역사책은 계보를 알게 되어 좋다. 미술사에는 숨겨진 이야기들이 많아서 좋다. 경제사, 과학사 등등 어렵지만 상식과 더불어 성취감을 줘서 좋다. 직접 경험해 보는 것이 최선이지만 이렇게 책을 보는 것으로도 나는 해방감을 느낀다. 방구석 1열에서 누리는 육체적 편안함과 책을 통해 얻는 정신적 쫀쫀함의 맛을 알 수 있다. 책나라 자유이용권을 얻은 기분이랄까.

　착한 독서가 주는 삶은 '독서 해방일지'이다. 기록을 남기는 일지(日誌)가 아니라, 삶의 어느 하루와 그 하루에서 얻은 앎을 내 것으로 만드는 '하루의 앎', 즉 '일지'(日知)라고 생각한다. 모든 책에서 매번 깨달음이 있지는 않지만, 자주 배운다. 좋은 것은 좋음 그대로 내 것으로 만드는 것을 즐거운 의무처럼 여기고, 그다지 영양가 없는 내용은 그대로 스쳐 가게 둔다. 내 인생 후반에도 책과 비슷한 착한 분들이 계속 나타났다 사라질 것이다. 그분들과 착한 독서로 나머지 생을 배우며 가고 싶다.

4
등불이 되어주는 독서
― 빈경애

책을 읽으면서 얻은 게 있다. 집중력이 많이 늘었다. 읽고 정리를 하다 보니 학교 과제에 대한 부담이 줄었다. 하지만 내가 원하는 변화는 나의 삶이다. 내 생활, 내 사고의 변화. 무작정 독서는 삶이 바뀌지 않는다. 읽는 것만 즐기다 보면 책 읽는 목적을 놓칠 때가 있다. 재미로만 책을 읽을 때와 신경을 쓸 때는 다르다. 신경을 쓴다는 것은 책과 나의 삶에 어떤 관계가 있을까를 연결 지으며 읽는 것이다.

'그래! 나도 이렇게 살고 싶었던 거야!' 유레카를 외쳤다.
몽테뉴의 『수상록』을 읽으며 망망대해에 떠다니던 배가 비로소 등대를 발견한 느낌이었다. '그래서 그런 삶이 어떤 삶인데?' 독립적인 삶. 철저히, 내 인생의 주인으로 사는 삶. 그는 책을 읽을 때도 그의 삶에 도움이 되는 책이 아니면 읽지 않는다고 한다. 몽테뉴의 말처럼 내 삶에 도움이 되는 독서를 하고 싶다.

독립적인 삶은 어떤 것인가?
독립적이다는 말은 경제적인 독립과 정신적인 독립 두 가지로 생각해 볼 수 있다. 먼저 정신적인 독립은 무언가를 판단할 때 남에게 의존하지 않는 것이다. 의견은 물을 수 있지만, 결정은 내가 하는 것이고 책임도 내가 진다. 그래서 남 탓을 할 수 없다. 그러기 위해서는 나의 판단력, 신념 즉 내 삶에 기준이 있어야 한다. 예를 들면, 학교생활과 공부를 힘들어하는 아들이 있다. 공부는 열심히 못 하겠지만 피아노는 열심히 칠 수 있다고 해 고등학교 진학 대신 학원을 선택했다. 그동안의 학교생활과 공부로 인한 스트레스를 알고 있었지만 허락하기는 쉽지 않았다. 하지만 아들에게는 학교생활보다 원하는 피아노가 맞을 수도 있겠다 싶어 허락했다. 누구에게 물어서 얻을 수 있는 답이 아니었다. 진학 포기에 대한 나의 제안에 아빠는 반대했고, 큰아들은 책만 보더니 이상만 좇는다고 했다. 의논이 가능했던 것은 독서를 통해 기른 내공 덕분이었다.
또 하나는 인간관계에서 생기는 나의 감정에 대한 것이다. 공부 대신 음악을 하겠다고 한 아들이 공부도 하지 않고 연습도 건성으로 하는 것처럼 보였다. 이것 때문에 화도 많이 냈고, 싸우기도 많이 했다. 아이의 미래에 대한 걱정에 얽매여 있었다. 책을 통해 이 아이를 믿을 수 있는 힘을 기르며 감정의 덫에서 벗어나려 매일 애쓰고 있다. 심적 독립이다.

경제적인 독립은 그동안 경제활동을 하지 않던 내가 나의 생활비를 버는 것이다. 최소한 내 한 몸은 스스로 책임지고 싶다.

'내 삶을 변화시키고 바꾸는 독서는 어떻게 하는 걸까?'
가장 빠른 피드백을 주는 책이 심리서였다. 아들러의 『미움받을 용기』에서 말한다. 사람들이 인간관계에서 힘들어하는 이유 중 하나가 과제 분리라고. 엄마가 아이에게 숙제하지 않는다고 화를 내는 경우 숙제하는 것은 아이의 과제라고 한다. 엄마는 아이가 숙제해 가지 않으면 학교에서 선생님께 혼이 날까 봐, 그래서 아이가 힘들어질까 걱정되어 숙제를 봐주게 되고 아이가 숙제하지 않으면 화가 나게 된다. 그리고 아이를 잘 키워야 한다는 책임감도 한몫할 터다. 하지만 숙제를 하는 건 아이의 과제이지 엄마의 과제가 아니다. 이런 과제 분리가 되지 않아 자녀와의 사이가 좋지 않은 경우가 많다. 그럼 아이가 숙제하지 않아도 가만히 두어야 하나? 그건 아니다. 아이에게 관심을 두고 있다가 아이가 도움을 요청하면 즉시 도와주면 된다. 말을 물가까지 끌고 갈 수는 있지만 먹일 수는 없다는 말처럼 물가까지 데려다주는 역할이 엄마의 역할이라면 먹는 건 아이의 역할이다.

이걸 내 삶에서 찾아봤다. 아들이 공부 대신 선택한 피아노를 열심히 하지 않았을 때 나에게 벌어진 일이었다. 방법을 안다고 한 번에 되는 것은 아니었다. 수많은 시행착오를 거쳐 물가에만 데려다주는 것이 내 역할이라고 받아들이니 한결 자유로워졌다. 처음 약속대로 오전 10시까지 학원을 보내고 나머지는 간섭하지 않았다. 내가 말하지 않아도 자신의 상황파악은 더 잘하고 있다. 이런 상황에서 하나씩 벗어남으로써 나는 더 자유로워지고 독립적인 인간이 되어 간다.

"이야기와 시, 노랫말과 야구 기록, 공식과 수학연산, 역사적 날짜와 성경 구절, 그리고 지혜가 담긴 인용구 등을 기억할 수 있는 사람은 이런 기술을 연마하지 못한 사람보다 훨씬 유리한 입장에 있다. 그런 사람의 의식은 주변 환경의 질서에 구애받지 않는다. (중략) 다양한 양식의 정보가 기억 속에 가득한 사람들은 자율적이며 독립적이다."

— 미하이 칙센트미하이의 『몰입』 중에서

미하이 칙센트미하이는 이런 기억들이 환경에 대한 통제력을 갖게 한다고 한다.

그 후로 '나만의 문장 100'을 만들어 좋은 구절들을 기억하려 노력한다.

독서를 통해 얻고자 하는 또 하나는 풍부한 삶이다. 철학은 죽음을 통해 삶을 배우는 것이라고 한다. 융의 자서전『카를 융 기억 꿈 사상』에서 '나'란 내가 살아온 모든 것이라 한다. 『아킬레우스의 노래』에서 파트로클로스는 테티스에게 '자신은 추억으로 이루어져 있다.'라고 말한다. 『이반일리치의 죽음』을 읽고 선택에 대한 고민이 있을 때 마지막에 어떤 추억을 떠올리고 싶을지를 생각하자 결정하기가 편했다. 어떤 경험으로 어떤 추억을 쌓아서 나란 사람을 어떻게 만들어 갈 것인가?

내가 어떻게 살아야 하는지, 어떻게 살고 싶은지 모르지만 내가 그것을 알고자 하는 의욕이 있을 때 책은 나에게 등불이 되어 준다. 처음 흐릿했던 등불이 점점 선명해진다. 내가 볼 수 있는 반경도 점점 넓어지고 있다.

5
어제의 나, 오늘의 나

– 윤정애

어떤 단체에서 연결해준 자살 위기 청년이 "죽고 싶다. 자살하고 싶다."라는 말을 했다. 지금 얼마나 어렵고 힘든지 공감해주고 충동적으로 삶을 포기하지 않도록 한참을 들어줬다. 문자 메시지에도 우울감을 표현하며 죽고 싶다는 표현을 상투적으로 쓰는 그를 보며 청소년기의 내가 떠올랐다. 자존심만 강한 자존감 낮은 사춘기 소녀는 학교에서, 집에서 연필만 잡으면 노트 귀퉁이에 죽고 싶다는 말을 쓰곤 했었다. 죽는다는 것이 어떤 것인지 깊이 생각하지 않았다. 지금의 현실에서 벗어나고 싶은 강한 욕망이었고 '더 잘살고 싶다.'라는 내 마음을 대신한 가장 극적인 표현이었다. 청년에게서 살고 싶은 마음이 더 강하다는 것을 느낀다. 그는 스스로 삶을 포기하지 않을 것이다. 죽고 싶다는 말을 반복적으로 내뱉으며 얼마나 살고 싶은지 말하고 있었다.

책을 쉽게 읽을 수 없었던 어린 시절, 혼자 좋아하던 아이를 주인공으로 만든 짧은 글을 지었다. 상상 속 이야기를 노트에 끄적이며 내 마음을 표현했다. 결말을 비극적으로 만들어 글 속에 내 우울감을 빠뜨리기도 했다.

누구보다 긍정적이고 에너지 넘친다는 말을 듣고 있다. 양파를 벗기듯 한 꺼풀씩 벗기고 들어간 깊은 곳에 터줏대감인 양 자리 잡고 있던 우울과 마주하게 된다. 무작정 열심히 살면 언젠가 원하는 삶을 살 수 있을 것 같았다. 방향도 없이 노를 젓기만 하는 사공이었다. 전진하는 것 같았지만 결국 제자리로 돌아오기를 반복했다.

나침반이 되어주는 책을 만났다. 덮어두고 가려 버리려고 했던 우울은 현실에 만족할 수 없고 아무것도 바꿀 수 없어 무기력했던 그때와는 다르다. 우울을 곁에 두고 즐기기도 하고 멀리 보내버리기도 하며 더 이상 큰 영향을 받지 않는다. 삶의 방향을 제안해주는 여러 책을 읽고 내 삶의 주인이 되었다. 읽는 것으로 끝내지 않고 적용하고 경험하며 가장 알맞은 나만의 방법을 찾아내기 시작했다. 비교하며 조급해하던 나를 버린다. 일 분 일 초에

승부를 가리던 백 미터 경주를 멈춘다. 숨 고르기를 하며 오래달리기로 나만의 페이스를 유지한다.

책은 부정적이던 사고를 긍정으로 바꾸고 삶을 대하는 태도를 달라지게 만든다.

늦게 자고 늦게 일어나던 올빼미가 일찍 자고 일찍 일어나는 아침 새로 바뀌었다. 일찍 시작하는 하루는 활력이 생기고 하고 싶은 것을 할 수 있는 시간을 만들어 준다. 똑같이 주어지는 스물네 시간 이외에 시간 선물을 받는 착각에 빠진다. 글쓰기, 독서, 공부, 운동 등이 루틴이 되며 좋은 습관을 만들었다.

책은 연결되어 있다. 인문학뿐만 아니라 다양한 책을 읽는 계기를 만들어 준다. 프로이트를 읽다 니체를 만나고 니체를 읽다 쇼펜하우어를 만난다. 교과서에서만 봤던 소크라테스에 관심을 가지게 되고 서양사, 세계사에 눈길이 간다. 학창 시절 생물 시간에 등장했던 다윈의 『종의 기원』을 읽으며 날 새는 줄 몰랐던 시간은 또 다른 시각으로 사물을 보는 눈을 가지게 한다. 『종의 기원』은 도킨스의 『이기적 유전자』로 이어지고 그의 『만들어진 신』은 종교와 삶에 대해 생각하게 한다. 칼 세이건의 『코스모스』를 읽으며 도킨스가 흔들어 놓았던 내 영성을 되돌려 놓는다.

우울했던 시골 소녀는 책을 만나며 만족하는 삶을 살고 있다. 간절하게 살고 싶은 그 청년도 어느 순간 책을 만나는 계기가 있으면 좋겠다.

어제의 나를 부정하지 않고 있는 그대로 인정한다. 삶이 끝날 때까지 성장해가겠지만 지금의 미성숙한 나를 보듬어주고 쓰다듬어준다. 스스로 인정하고 격려하며 나를 찾는다. 책을 읽기 전과 후의 나를 바라보며 완전히 달라진 일상의 패턴을 본다. 사람들과 어울리기 싫어하던 내가 독서 모임을 찾는다. 활력을 띠고 신나게 얘기하고 있는 모습이 낯설지만 익숙하다.

어제의 나보다 오늘의 내가 더 만족스러운 건 온전히 책 덕분이다.

6
향유(享有) 독서

―정수영

"별장을 사지 말고 별장을 가진 친구를 사귀어라. 그럼 관리비와 재산세를 내지 않아도 된다."

최근 유행하는 인맥 관리에 관한 말이다. 그렇게 보면 나는 인맥 관리에 성공했다. 동서남북, 언제든 갈 수 있는 지인의 시골집이 있다. 고급스러운 별장보다 사계절의 변화가 피부로 와 닿는 시골집이 더 좋다. 요즘 로망하는 세컨 하우스 정도의 시골집이면 족하다. 나의 모든 감각이 자연 속에 녹아있을 때 행복하다. 그 안에서 책을 읽고, 읽다가 피로해지면 산책을 즐길 수 있다면 내겐 이보다 더 좋을 수 없는 시간이다. 주말, 별다른 일이 없으면 무조건 짐을 꾸려 자연이 있는 그곳으로 향한다. 시간이 여의치 않으면 한나절만이라도 좋다.

"하룻밤 묵을 짐인데 왜 이리 짐이 무거워? 꼭 캐리어를 들고 가야 해?"

항상 남편이 하는 말이다. 하룻밤이나 묵을 짐이니 어쩔 수 없는 짐이다. 항상 읽고 있는 책이 세 권에서 다섯 권은 되니, 책만 해도 작은 캐리어의 반은 차지한다. 보지 않더라도 어떤 책을 읽고 싶어질지 모르기 때문에 그런 수고는 기꺼이 감수한다.

우리는 한 번뿐인 삶임을 잊고 산다. 삶이 영원하리라 생각한다. 죽음은 막연한, 아주 먼, 나와는 무관한 문제인 것처럼 말이다. 필멸의 인간인 우리는 죽음 앞에서 평등하다. 누구나 죽는다는 것은 분명한 진리이다. 매일 매일 죽음을 향해 달려가는 시한부 인생이다.

죽음을 생각하게 된 날이 있다. 45번째 생일이었다. 죽음은 막연히 먼 미래의 일이라 생각해 왔지만, 그날은 달랐다.

'내가 반평생을 살았구나!' 하는 생각이 들었다. 평소 나는 90살까지 살고 싶다고 희망 수명을 말하곤 했다. 그럴 수도, 아닐 수도 있지만 일단은 그 기준으로 생각해 보니 대충 인생 전반전을 살았다. 꺾인 90이 되면서, 이제 남은 인생 후반전을 살아가는 것이다.

한 번뿐인 내 삶, 반이 남은 인생 후반전을 어떻게 살아야 하는가?

누군가는 말할지도 모른다. 인생에 '어떻게'라는 정답이 있을 수 있느냐고. 그래서 더욱 '나만의 정답'을 찾아야 한다. 나만의 가치를 찾아야 한다.

나의 전반전 인생을 피드백해 보았다. 아직 여물지 않았다. 인생의 한여름은 분명 지났을 마흔다섯인데, 열매를 맺고, 단단히 익어야 할 나는 아직도 설익어 있었다. 내 안에 보이는 많은 화와 원망, 미움, 불안, 외로움, 흔들림, 상처받은 자존감이 보였다. 욱하고 일희일비하는 내가 보였다. 꺾인 90의 인생 후반전을 살아갈 나이가 된 만큼 이제는 꿈을 향해, 소위 좋은 직업을 향해, 외적인 성공을 향해 나아 갈 나이는 아니란 생각을 했다. 좀 더 내면이 단단하고 성숙한, 온전한 내가 되고 싶다. 뜨거운 태양 빛을 쬐고, 바람을 이겨 내어 더 달콤하고, 단단한 육질의 열매로 제대로 익어야 한다.

독서는 이런 과정에 많은 도움이 되었다. 나를 직면하고, 인정할 용기를 주었다. 변화하고자 하는 강한 동기를 유발했다.

자기 개선의 출발은 자신을 정확하게 아는 것에서 시작한다. 무엇보다 스스로에게 진실해야 한다. 숨기고 싶은 나의 치부까지 철저히 직면할 수 있어야 한다. 의식하지 못한 자기기만까지 보아내고 인정할 수 있을 때, 비로소 진정한 변화가 시작된다.

독서는 작고 모자란 나를 기꺼이 인정하고 받아들이게 했다. 읽으면 읽을수록 읽을 것이 많아지고, 알면 알수록 모르는 것이 많음을 인식하게 했다. 그런 나는 더욱 겸손할 수밖에 없다. 내가 나를 모른다는 것이 부끄럽기도 했지만, 이제라도 알게 되어 얼마나 다행인가.

관계에의 갈등으로 고민하던 내게 한 지인이 해 주었던 말이 생각난다.

"나를 알게 되면 타인에게 관대해진다."

나는 좀 더 착해졌다. 나는 좀 더 유연해졌다. 타인의 단점에 대해 좀 더 관대해지고, 여지를 둘 수 있게 됐다. 나도 완벽하지 못하고, 모자람이 많음을 잘 알기에 당연하다. 그런 여지와 관대함은 그동안 보지 못한 것을 보게 한다. 삶에 대해 더 열린 시선과 확장된 사고를 가져다주었다. 삶을 살아야 하는 이유는 바로 이런 것에 있지 않을까?

나만의 가치가 생겼다.

내가 조금 성장했음을 느낄 때, 나는 행복하다. 인생 후반의 가치는 '성장'이다. 좀 더 겸허한 마음으로 삶을 살아가려 노력할 것이다. '타인과 나'와의 관계가 아닌, '지금의 나'와 '내일의 나'의 관계에 더 집중하며 살 것이다.

마치는 글

-박혜정

'기적'이란 말을 좋아하지 않는다. 인생의 높은 고도에 깃발을 꽂은 그들만의 전유물인 것만 같아서.

살기 위해 책을 읽었다. 나를 알고 싶고, 세상이 궁금해 펼친 책이었건만, 책은 언제나 세상으로 돌아가라 등 떠민다. 글과 거리를 두고서야 눈뜬장님으로 살아왔음을 알게 되었다.

이제는 잘살기 위해 책을 읽는다. '기적'을 짓는 사람이 되자 말한다.

춤추는 별 하나를 탄생시켜 보려 한다. 삶을 글로 꽃 피워보려 한다.

책은 또다시 내 삶을 어루만진다.

- 강주혜

머릿속을 떠도는 단어 중 하나를 붙잡으니, 뻔뻔함이다.
뻔뻔함에 당황해 또 하나를 낚아채니, 부끄럼이다.
부끄러운 글을 뻔뻔하게 내놓으니, 그 뻔뻔함이 부끄럽다.
부끄러움을 피하려 도리어 뻔뻔스러운 얼굴을 한다.
부끄러움과 뻔뻔함을 넘나들며 쓴 글들이 거름이 되어, 좀 덜 부끄러운 글을 쓸 수 있기를 바란다. 그러면, 난 좀 덜 뻔뻔스러울 수 있으리라.
그리하여 어느 날, 나의 글이 나의 자부심이 되기를.

- 김선황

'풋-'은 '처음 나온' 또는 '덜 익은'의 뜻으로 사용하는 접두사이다. '미숙한', '깊지 않은'의 뜻도 있다. 몇 번을 봐도 풋내가 나는 글을 진열대에 살포시 올렸다. 다가오는 걸음마다 멈추고 길게 들여다봐 주기를. 그래서 누군가에게는 단내가 나는 글이기를 바라본다.
어느 우연이 인생의 방향을 틀게 할지 모른다. 내게는 책이 시작이었다. 미세한 방향의 전환이 세월의 나이테로 쌓이고 있다. '지금의 나'는 언젠가 읽은 책 한 구절일 것이다. 이제 '미래의 나'를 위해 또 다른 우연을 만나러 책 속으로 들어간다. 독서로 우연을 만나고 이를 필연으로 만들어 나가길 감히 제안한다.

−빈경애

독서가 중요하다 하지만 책을 띄엄띄엄 읽으며 살아왔다. 독서의 효과를 알 수 없었다.

운동을 꾸준히 해야 효과가 있다. 비타민도 꾸준히 먹어야 한다. 하물며 독서는 어떻겠는가? 한두 권으로 변화가 느껴지지 않는다고 불평하며 꾸준한 읽기를 하지 못했다. 운동도 하는 방법이 있고 비타민도 잘 먹어야 하듯 책도 마찬가지다.

독서를 잘하는 방법이 나에게는 독서 모임이다. 재미가 있어야 오래간다. 멀리 가려면 같이 가라는 말처럼 독서에서 '같이'의 위력은 크다.

난감한 상황에서 나를 구해준 한 단어 '독서'가 씨앗이었다면 '독서 모임'은 나를 성장시키는 거름이 되어 준다.

− 윤정애

한 번도 책과 친해지지 못했던 사람, 친해졌다 멀어진 사람, 책 어귀에서 서성이는 사람 모두 『딜레땅뜨 독서』를 읽으며 책과 친해졌으면 좋겠다.

글을 쓰며 책을 통해 얼마나 많은 위로와 격려를 받았는지 느낀다. 아무 생각 없이 읽기만 한 책부터 밑줄 긋고 필사하며 반복해서 읽은 책까지. 독서는 삶이고 나 자신이었다. 온전히 나로 살기 위해 선택한 방법이었다.

본업에 충실하며 책 읽어내기가 만만치 않다. 기꺼이 즐겁게 할 수 있는 이유는 글이 주는 에너지와 멤버들과 말로 풀어내는 힐링이 있기 때문이다.

− 정수영

영원한 것인가? 올바른 것인가?

삶에서 만나게 되는 크고 작은 고민 앞에서 질문을 던진다. 인생의 수많은 난제가 단 두 개의 질문으로 정리된다. 책을 만나지 못했다면 미궁에 갇힌 미노타우로스가 되었을지도 모른다. 독서를 통해 인식과 분별이라는 나만의 실타래를 가질 수 있었다.

든든한 병기가 되고 휴식이 되어준 책. 이쯤 하면 책이 삶을 구했다 말할 수 있지 않을까?

내가 책으로 삶을 구했듯 독자들 역시 자신만의 병기를 찾을 수 있길 바란다.

이 출간은 내 삶의 여정에서 지속될 나와의 서약이 될 것임을 조심스레 밝힌다. 행동을 덜어낸, 그저 소비를 위한 글이 되지 않도록 경계하는 독서인이 될 것을 다짐한다.

딜레땅뜨 선정도서

◆ **반복도서(2회독 이상)**

- 코스모스(칼 세이건)
- 월든(헨리 데이비드 소로)
- 그리스인 조르바(카잔차키스)
- 참을 수 없는 존재의 가벼움(밀란 쿤데라)
- 신곡 지옥(단테 알리기에리)
- 신곡 연옥(단테알리기에리)
- 신곡 천국(단테알리기에리)
- 생각의 탄생(로버트 루트번스타인, 미셸 루트번스타인)
- 파우스트(요한 볼프강 폰 괴테)
- 칸트 철학입문(W.O. 되에링)
- 괴테와의 대화(요한 페터 에커만)

◆ 딜레땅뜨 선정도서

- 점(피터 레이놀즈)
- 어떻게 살 것인가?(유시민)
- 죽음의 수용소에서(빅터프랭클)
- 감옥으로부터의 사색(신영복)
- 1984(조지오웰)
- 사색이 자본이다(김종원)
- 여덟 단어(박웅현)
- 광장(최인훈)
- 공무도하(김훈)
- 나는 왜 쓰는가(조지 오웰)
- 고양이(베르나르 베르베르)
- 너무 재밌어서 잠 못 드는 세계사(우야마 다쿠에이)
- 인간관계론(데일 카네기)
- 세 종교 이야기(홍익희)
- 니체의 인생 강의(이진우)
- 초역 니체의 말(프리드리히 니체)
- 일의 기쁨과 슬픔(알랭 드 보통)
- 이탈리아기행(요한 볼프강 폰 괴테)
- 편의점 인간(무라타 사야카)

- 철학이 필요한 시간(강신주)

- 네루다의 우편배달부(안토니오 스카르메타)

- 사피엔스(유발 하라리)

- 열두발자국(정재승)

- 데미안(헤르만 헤세)

- 젊은 베르테르의 슬픔(요한 볼프강 폰 괴테)

- 다산의 마지막 공부(조윤제)

- 예루살렘의 아이히만(한나 아렌트)

- 인생의 마지막 순간에서(샐리 티스데일)

- 차라투스트라는 이렇게 말했다(니체)

- 12가지인생법칙(조던 피터슨)

- 싯다르타(헤르만 헤세)

- 천년의 내공(조윤제)

- 수레바퀴아래서(헤르만 헤세)

- 인간 본성의 법칙(로버트 그린)

- 하루 한마디 인문학 질문의 기적(김종원)

- 아내를 모자로 착각한 남자(올리버 색스)

- 상처받지않는영혼(마이클싱어)

- 피터 드러커 자서전(피터 드러커)

- 나르치스와 골드문트(헤르만 헤세)

- 아이네이스(베르길리우스)

- 익숙한 것과의 결별(구본형)

- 베니스의 상인(윌리엄 셰익스피어)

- 니체의 삶(수 프리도)

- 햄릿(윌리엄 셰익스피어)

- 만들어진 신(리처드 도킨스)

- 종의 기원(찰스 다윈)

- 창백한 푸른 점(칼 세이건)

- 에덴의 용(칼 세이건)

- 레오나르도다빈치(월터 아이작슨)

- 모비 딕(허먼 멜빌)

- 숨(테드 창)

- 쇼펜하우어의 행복론과 인생론(쇼펜하우어)

- 깊은 인생(구본형)

- 군주론(마키아벨리)

- 돈키호테(세르반테스)

- 왜 칸트인가(김상환)

- 장미의 이름(움베르토 에코)

- 아리스토파네스 희극전집(아리스토파네스)

- 눈먼 시계공(리처드 도킨스)

- 너무 시끄러운 고독(보후밀 흐라발)

- 카를 융 기억 꿈 사상(칼 구스타브 융)

- 주홍 글자(나다니엘 호손)

- 시지프 신화(알베르 카뮈)

- 이방인(알베르 카뮈)

- 몽테뉴 수상록(몽테뉴)

- 변신, 시골의사(프란츠 카프카)

- 아인슈타인이 괴델과 함께 걸을 때(짐 홀트)

- 에티카(스피노자)

- 고도를 기다리며(사무엘 베케트)

- 댈러웨이 부인(버니지아 울프)

- 자기만의 방(버지니아 울프)

- 더블린 사람들(제임스 조이스)

- 타인의 고통(수전 손택)

- 깨어남(올리버 색스)

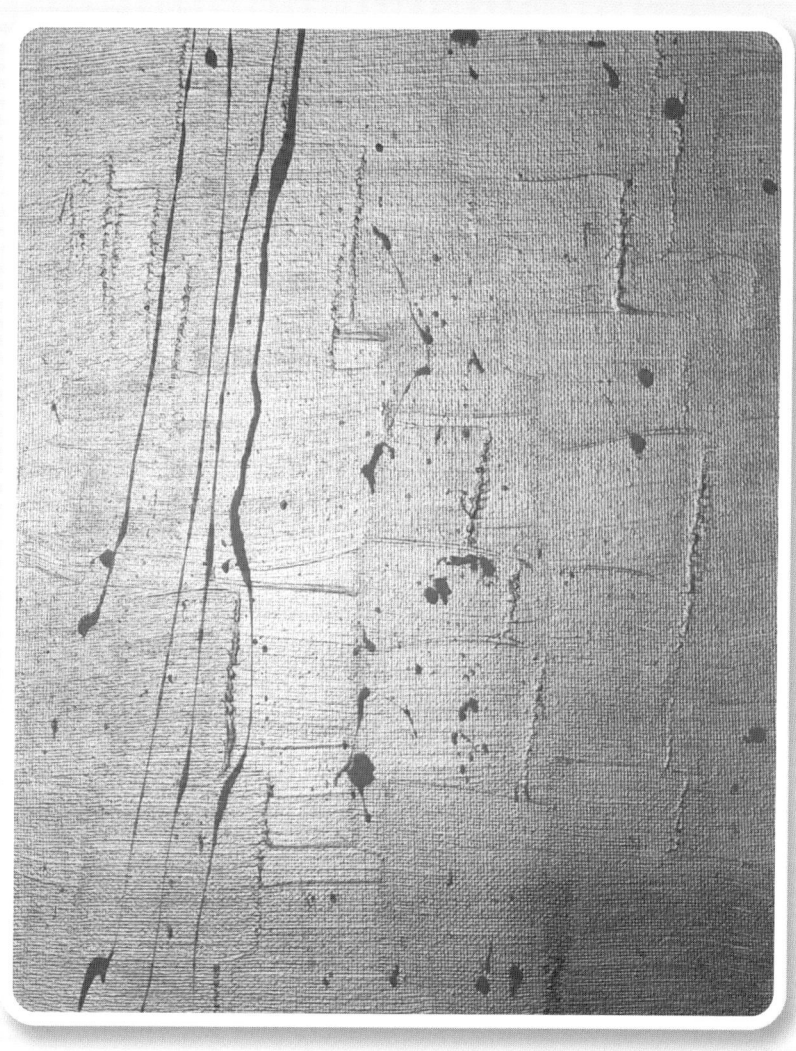